いじめや不登校から生徒を救え!!

実践 "ロールレタリング"

岡本泰弘 著

北大路書房

私たちの未来のために（推薦のことば）

　あなたが教師で，担当の子どもたちの心をつかみたいと思っているなら，この本を読んでほしい。この本は，教えているだけではわからない，子どもたちの心の悩みを，浮かび上がらせているからである。

　あなたが子を持つ親で，自分の子どもが何を考えているのかもうひとつよくわからず，不安に思っているなら，この本を読んでほしい。この本には，あなたの子どもはあなたが思っているよりずっとずっと複雑な心を持っていることと，そして，そのことを知るための方法とが書かれているからである。

　あなたが，教師でもなく親でもなく，しかし，子どもたちが元気に育ち，未来をしっかり担ってくれる大人に育つことを願っている人なら，やはり，この本を読んでほしい。この本には，子どもたちの持っている心と能力を，どのようにして真っ直ぐ育てるかが，具体的に示されているからである。

　せっかちなあなたのために，本書の三つのキーワードを明かしてしまおう。

　第一は，「ストレス」である。今時の子どもたちは，私たちが想像もつかないストレスに悩まされ，心のゴムヒモが切れそうになっている。教師や親やまわりの人たちから認められるためには，学校でいい成績を取るしかない。そして，勉強が好きでも嫌いでも，言われたことをそのまま受け入れて，従うしかない。はっきり言って，これは拷問である。しかし，私たちの子ども時代と違って，今の子どもたちには，逃げ道がない。何しろ，高校全入時代なのである。

　このストレスは，子どもたちの心をむしばむ。子どもたちは，いじめに走り，突如教えやルールに従わなくなり，あるいは逃避して自分の域に閉じこもる。子どもたち本人にもわからない，この危険な状態を，教師は，親は，あるいは関係する大人たちは，どう把握するのか。それは，子どもたちを健全に育てるには絶対に必要なことであるが，従来の教育学にその方法論はない。それを，

本書が示しているのである。

　第二と第三のキーワードは，「自尊感情」と「共感性」である。

　教育の目的は，子どもたちの「人間力」を育てることである。人間力というのは，自分で生きていく力（自助の意欲と能力）及び，人と助け合って生きていく力（共助の意欲と能力）である。これを著者の言葉で言えば，「自尊感情」と「共感性」ということになる。

　それらの能力をどのようにしてとらえ，自覚させ，伸ばしていくか。それは，上から教え込む教育，管理教育，エリート教育では，伸びない。あくまで，子どもたち自らが，自分をみつめ，仲間をみつめ，社会の中で人と助け合って生きるということを，身体と心で学習してはじめて身に付いていくものである。

　それを伸ばす具体的方法も，本書に示されている。

　著者の功績は，昨今の子どもたちのストレスの実態を把握し，それにめげないで自助の基礎となる自尊感情と，共助の基礎となる共感性を自ら育成するロールレタリングの有効性を実証したことにある。長期間にわたり，数々の場面で行われた実証は，ゆるぎない説得力を持つ。

　子どもの心を忘れた危険な管理教育の暗雲がただよう中，子どもたちの育つ力を，せめて歪めることなく伸ばしていくことが，現下，私たちに課せられた急務である。

　私たちの未来のためにも，私たちは，正しく子どもたちを育てなければならない。

　だからこそ，私は，この本を，祈るような気持ちで，お薦めさせていただくのである。

2007年5月
さわやか福祉財団理事長　　堀田　力

発刊によせて

「ロールレタリングによるいじめ防止と生と死の教育」を学校で講義したとき，参加された岡本泰弘先生は「ロールレタリングは，臨床心理士のように専門的知識や技能を持ち合わせていない教師でも実践でき，学校教育現場に導入できますね」と話され，それが縁となり，ともにロールレタリングを研究して10年を過ぎました。

岡本先生は，ロールレタリングをいつでも・どこでも・だれでもできる心理技法であることに気づかれ，いち早く学校教育現場に取り入れられました。そして，10年間に渡り，生徒のメンタルヘルス促進やいじめの予防教育，保健室登校生徒へのアプローチなど，数多くの優れた実践をされ，それをまとめてこられたのが本書です。岡本先生は，クラスの全生徒にロールレタリングノートを持たせ，書き終わったらすぐに回収して，鍵のついた木箱に保管するという方法をとっておられます。まさに，ロールレタリングの守秘と告白の機能を十分に生かし，生徒のストレスの発散や自尊感情の高揚，共感性の向上などロールレタリングのさまざまな効果が発揮されています。

また，新たな研究課題として，恩師の杉田峰康先生は，「人間の心は知性と感情から成るといわれています。心理療法の多くは，その方法は異なっていても，この2つの大脳機能の統合をどこかで試みているのではないでしょうか」と訴えられています。このことを重要視した私が，岡本先生に脳科学というサイエンスからのアプローチを提案したところ，今後のロールレタリング研究において，それがきわめて大切だと認識されました。その後，岡本先生は意を決して久留米大学大学院医学研究科博士課程に入学され，高次脳疾患研究所の森田喜一郎教授の下で研究されるなど，まさに新進気鋭の学徒でもあります。

近年，想像もつかない児童・生徒による奇妙な事件やひどい虐待によるPT

SDなどが増加傾向にあり，懸念されています。日本はおよそ10年遅れてアメリカのあとを追うといわれています。現在，アメリカでは多重人格障害が深刻な問題となっているそうです。

　今回の岡本先生の出版を契機に，先生とともにロールレタリングによる多重人格障害への研究に努めていく決意を新たにしたところです。

医学博士
臨床心理士　　春口　徳雄

序　文

　ここ数年，いじめや不登校，校内暴力などさまざまな問題行動が増加し，学校教育現場ではその対応の模索が続いています。昨年10月に福岡や岐阜と相次いで起きたいじめ自殺事件は，日本全国を揺るがす大きな社会問題となりました。

　いじめで自殺した子の多くは，周囲には何も語らず，遺書によって初めてこれまでの苦悩や敵意，反感，憎悪など自分の感情を明らかにしていました。しかし，もし，事前に子どもたちの感情をさらけ出せるような環境が整い，そのやるせない感情をうまく表出することができていれば，深刻な事態は防げていたかもしれません。

　これまでの生徒指導といえば，いじめや不登校など問題行動の事後処理的な「対処療法」中心の指導であったように思います。それは，多くの労力を費やしても，思うように成果が期待できないということを私自身も経験しました。そこで，これからの生徒指導は，前もって問題行動が起こらないようにして，児童生徒一人ひとりの人間性の発達をうながす「予防・開発」中心の支援が必要になってくると思います。つまり，日々の地道な実践によって，さまざまな問題行動を起こす前にくい止め，子どもたちが持っている能力を引き出し，よりよい方向へ導いていくことです。そして，このことはまさに生徒指導の本質であると思います。

　そのために，子どもたちが自ら成長していこうとする力に働きかけ，子どもたちの心のホメオスタシス機能を回復させていくための指導・援助が，今まで以上に求められることになります。

　その1つの手法として，ロールレタリングがあります。ロールレタリングは，そもそも少年院で矯正療法として用いられてきました。現在は，心の教育や精

神の不安定な患者の治療などに効果があるとして，学校や病院にも導入されつつある心理技法です。

　その方法としては，まず，相手を設定し，自分が思っていることや感じていることを思いのまま手紙や文章で訴えます。数日置いて，今度は手紙を受け取った相手の立場になって自分へ返信を書くのです。つまり，一人二役を演じ，往復書簡を行うことになります。

　なお，この手紙の内容は原則として，本人以外誰も見ることはありません。したがって，自分の心の中を本音で書き表すことができます。この往復書簡を重ねることによって，相手の気持ちや立場を思いやるという形で，自らの内心に抱えている矛盾やジレンマに気づかせ，自己の問題解決を促進させていくという心理技法なのです。

　筆者はこのロールレタリングに出会うまでは，特別に心理学の勉強をしてきたわけではありません。10年前，ロールレタリングの創始者，西九州大学名誉教授の春口德雄先生の講演に感銘を受け，先生の著書を夢中になって一晩で読み，見よう見まねでロールレタリングを始めたのがきっかけでした。その後，筆者はロールレタリングによって，いじめを克服していった生徒，保健室登校から教室復帰をしていった生徒，繰り返す家出から立ち直っていった生徒など，心の自己治癒力を働かせ，自己実現を果たすことのできた生徒と数多く出会いました。

　これらのことから，筆者は，ロールレタリングが，いつでも，どこでも，だれでもできる心理技法であると思っています。

　今回，10年間のロールレタリングの実践を生かし，先生や保護者の方々のロールレタリングの実践テキストになればと思い，本書を発刊することにいたしました。

　本書は，第4章から成っています。第1章「ロールレタリングって何？」では，ロールレタリングのメカニズムや効果など，ロールレタリングの理論について紹介しています。第2章「ロールレタリングってどうやるの？」では，ロールレタリングのやり方や行うときの留意点など，ロールレタリングの具体的

な方法について紹介しています。第3章「ロールレタリングをやってみよう！」では，数多くのロールレタリングの実践例を紹介しています。第4章「ロールレタリングを導入するための資料」では，ロールレタリングのオリエンテーションの生徒用資料やロールレタリングの校内研修会の教師用資料などを紹介しています。

　本書によって，多くの方々がロールレタリングに興味・関心を持ってくださり，いじめや不登校などから一人でも多くの子どもを救っていただくことを切に願っております。

　出版にあたり，細心細部にわたってご指導ご助言いただいた春口徳雄先生をはじめ，身に余る推薦のおことばをいただいたさわやか福祉財団理事長の堀田力先生，交流分析の視点でロールレタリング研究に対するご示唆をいただいた福岡県立大学名誉教授の杉田峰康先生，ロールレタリング研究についてご理解とご支援をいただいた福岡教育大学大学院教授の小泉令三先生，久留米大学大学院医学部教授の森田喜一郎先生には，心より感謝いたしております。

　最後となりましたが，北大路書房の奥野浩之氏には，本書の企画から発刊にいたるまでご支援いただき，厚く御礼申し上げます。

2007年5月

岡本　泰弘

目次

第1章 ロールレタリングって何？ ……… 1

1　ロールレタリングとは　2
2　書くという作業　6
3　ロールレタリングの7つの作用―臨床的仮説―　7
4　受容と対決の3段階　9
5　思考・感情の表現過程　10
6　カウンセリング上の問題点とロールレタリング　11
7　10年間の実践で見えてきたもの―ロールレタリングの効果―　13

第2章 ロールレタリングってどうやるの？ ……… 15

1　ロールレタリングのやり方　16
2　ロールレタリングを行うときの留意点　19
3　ロールレタリングの展開例　22
4　ロールレタリングの4つの技法　23

第3章 ロールレタリングをやってみよう！ ……… 25

その1　ロールレタリングで生徒のメンタルヘルスを促進　26

1　実施前の生徒の実態　27
2　学級経営に生かすさまざまな工夫　29
3　いざ実践！　30
4　結果の分析と考察　37

その2　ロールレタリングで保健室登校生徒にアプローチ　50

1　保健室登校生徒A男の実態　51
2　個別的アプローチの工夫　52
3　いざ実践！　54
4　結果の考察　58
5　全体を振り返って　67

その3　ロールレタリングでいじめの予防教育　71
　　1　いざ実践！　72
　　2　考察　75

その4　ロールレタリングを中心とした役割交換法で他者とのかかわりを深める　80
　　1　ロールレタリングを中心とした役割交換法の必要性　81
　　2　生徒の実態　82
　　3　テーマや他の役割交換法との関連の工夫　84
　　4　いざ実践！　85
　　5　結果の分析と考察　90

その5　ロールレタリングでキャリア教育　100
　　1　いざ実践！　101
　　2　考察　103

その6　ロールレタリングをした中学生の追跡調査　107
　　1　結果について　108
　　2　全体を振り返って　114

その7　保護者会にもロールレタリングを　115
　　1　遺書形式のロールレタリング　116
　　2　いざ実践！　116
　　3　考察　118
　　4　全体を振り返って　121

第4章　ロールレタリングを導入するための資料　……………　123

　資料4-1　ロールレタリングに取り組んでみよう!!　126
　資料4-2　中学校校内研修会発表資料　ロールレタリングによる予防・開発的生徒指導　127
　資料4-3　エゴグラム・チェック・リスト（中高生用）　131
　資料4-4　ロールレタリングテーマ一覧　133
　資料4-5　家庭でもロールレタリングをやってみよう!!　136
　資料4-6　携帯電話でロールレタリングをやってみよう!!　137

第1章

ロールレタリングって何？

1 ロールレタリングとは

(1) ロールレタリングの誕生

　ロールレタリング（Role Lettering：略してＲＬ，またはローレともいう）は，自分自身が自己と他者との双方の役割を演じて，書簡によって交換する心理技法です。個人がまず他者へ向けて手紙を書き，次に他者の立場からその手紙に自ら返事を書いていくという自己カウンセリングの１つです。つまり，自分自身が自己と他者というふうに立場（役割）を変えながら往復書簡を重ねることによって，相手の気持ちや立場を思いやる機会，または，自らの心に抱えているジレンマに気づく機会をつくり，自己の問題解決力を促進することがねらいです。この心理技法は役割交換書簡法ともいわれ，ゲシュタルト療法の空椅子の技法にヒントを得た西九州大学名誉教授の春口德雄氏によって，1984年に日本交流分析学会で初めて提唱されました。

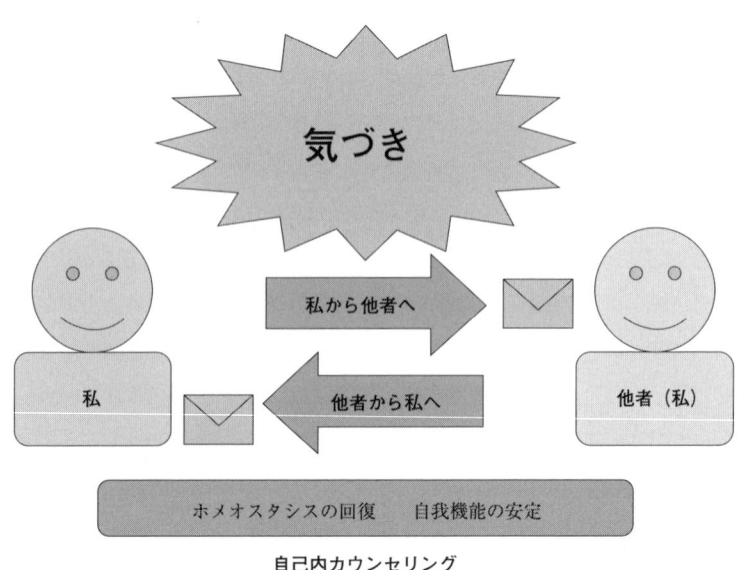

図1-1　ロールレタリングのメカニズム

(2) ロールレタリングとゲシュタルト療法

　まず，春口氏がヒントを得たというゲシュタルト療法と空椅子の技法についてお話ししましょう。ゲシュタルトは，ドイツ語で「全体性，パターン（形）あるいは個々の部分が全体にまとまっていく機能」というような意味を持っています。そして，ゲシュタルト療法とは，「今・ここで」の体験や感覚を見つめ直し，気づいていなかった自分の側面に目を向けることによって，個人を全体的に統合していこうという療法です。これは，心の中の矛盾やジレンマに焦点を合わせ，気づきをうながすと，自己治癒力としての心のホメオスタシス（恒常性：生きていくうえで重要な機能を正常に保とうとするはたらき）が作用し，ジレンマが解消されていくという考えに基づいています。心の中の矛盾やジレンマは，戦う機会が与えられると，相手の存在を知るようになったり，相手方を許し，妥協を求めるようになったりするとされています。

　「空椅子の技法」は「（エンプティ）チェアテクニック」と呼ばれるもので，自分の前に置かれた椅子の上に，イメージの中の自己や他者，物などを座らせて対話する技法です。こうすることによって，今まで固定されていた思考に広がりや新しい概念を持たせて気づきをうながしていきます。たとえば，胃痛で悩んでいる人がいるとしましょう。その場合はまず，その人の胃袋という臓器を空椅子の上に座らせ，胃袋に対して話しかけてもらいます。そして次に，自分自身を椅子に座らせ，今度は，胃袋の立場になって自分自身に話しかけてもらいます。このように，「胃袋」と「本人」の席を往復しながら対話を進めていく

うちに，症状が具体的なメッセージとなり，さまざまな思考や感情に気づくことができるのです。

ロールレタリングでは，椅子の代わりに手紙を用いて役割を交換しながら，自己や他者の気持ちや考えに気づき，自己の問題解決を進めていきます。

(3) ロールレタリングと交流分析

ここで，ロールレタリングと交流分析の関係についてお話しておきましょう。

交流分析とは，1957年にアメリカの精神科医エリック・バーンが提唱した理論で，人と人との交流に主眼を置き，適切なコミュニケーションがとれるよう援助することを目的としています。人と人との関係性を理解し，対応を考えていくうえで，有効な理論・治療体系といえるでしょう。

交流分析では，人は誰でも3つの自我状態から構成されていると考えます。すなわち，「親の自我状態（P＝Parent）」「大人の自我状態（A＝Adult）」「子どもの自我状態（C＝Child）」の3つです。

親の自我状態：良心（超自我）であり，自分の父親，母親あるいは，その他の自分を育ててくれた人たちの考えや感じ方，行動を知らずに取り入れている部分。

大人の自我状態：自分（自我）であり，私たちの人格の中で物事を自分で冷静に判断して行動していくコンピュータのような部分。

子どもの自我状態：本能（エス）であり，自分が幼い頃と同じように行動したり感じたりする部分。

さらに，親の自我状態は，「批判的な親（CP＝Critical Parent）」と「養育・保護的な親（NP＝Nurturing Parent）」の2つに，子どもの自我状態は「自由な子ども（FC＝Free Child）」と「順応した子ども（AC＝Adapted Child）」の2つに分けられます。大人の自我状態は1つのままです。そして，この5つの自我状態（CP，NP，A，FC，AC）のバランスを見ることで，その人の状態がわかるとされています。どの自我状態が強いかを見るには，エゴグラムという心理検査などが使われます。自我状態を分析して，不均衡な自我状態を改めることで，よりよい対人関係を築いていけるようになる，というのが交流分析での考え方です。

自我構造の部分のうち良心（超自我），自分（自我），本能（エス）にあたる部分をそれぞれ親（Parent），大人（Adult），子ども（Child）の自我状態と呼び，これをP，A，Cと記号化します。さらにP，Cを機能の面からそれぞれ2つに分類し，CP，NP，FC，ACと記号化します。

良心（超自我） → 親（Parent） … P ┌ 批判的P … CP（Critical Parent）
                                └ 養育・保護的P … NP（Nurturing Parent）

自分（自我） → 大人（Adult） … A ……………… A（Adult）

本能（エス） → 子供（Child） … C ┌ 自由なC … FC（Free Child）
                                └ 順応したC … AC（Adapted Child）

図1-2　自我状態について

この考え方をもとに，ロールレタリングでは，Cの高い心的エネルギーを低いPまたはAに移動させることによって，PまたはAの心的エネルギー値を高くし，人格の全体性を回復させていこうと考えます。つまり，多くの心的エネルギーを行動に費やしている自分（C）を，ロールレタリングによって客観視

し，その意味を考えるとき（A），問題行動をセルフ・コントロールできるようになっていくと考えるのです。

2 書くという作業

(1) 書くことの効用
　人は書くという行為をとおして，ただ「自己との対話」を行うのみでなく，その過程で気づきを深めます。そして，書き上げたときには創造の喜びや心の浄化作用であるカタルシスによる癒しの効果が生まれるといわれています。

　テキサス大学のJ・W・ペネベーカー博士は，「書くことは，心身の健康を改善し，内省をうながし，考えや気分の洞察を深めさせる。そして，心の奥底にある感情に向き合って書いていくことで，心にある問題の解決に役立ち，心の平安を取り戻し，自分を客観的に見つめることができるようになる。さらに，トラウマについて書くことは，トラウマを組織化し，その結果，心が解放され，他の課題に取り組む勇気が出る」と述べています。

　このように，書くことは，心身を解放したり，自己の内面と対話し問題への気づきをうながしたりする方法として，きわめて有効な作業であると考えられます。

> 書くことで，心の整理ができるのです。

(2) 学校への導入
　これまでの臨床現場においても，書くことによるセルフ・カウンセリングは

提唱されてきました。話すことよりも書くことのほうが，自分で書いた内容を読み返すことができ，状況や相手に左右されずに自分自身を反省し吟味できるとして，手紙を媒介としたレターカウンセリングなどが試みられてきたのです。話すだけではなかなか問題解決にはいたらないものを書くことで，人が自ら自分を変えていこうという姿勢になれるという利点があるこの方法は，「自己理解」から「自己変革」へつながっていくと考えられます。

また，教育現場についていえば，文部省（当時）が交換ノート法を提唱しました。これは，相談室で自主来談を待つという消極的な面接相談だけではなく，ねらいを明確にしたノートを1年間継続して書かせることで児童生徒一人ひとりの内面を表出させ，自分の気持ちや悩みを書くことによって気持ちを安定させる積極的教育相談活動の方法の1つとしてあげられたのです。

このように，書くということは，自己の内面と対話し，問題への気づきをうながす方法として，特に，外部に言語でうまく自分を表現することが苦手な日本人の心性にあった教育的心理技法といえるでしょう。

3 ロールレタリングの7つの作用──臨床的仮説──

春口氏は，ロールレタリングによる臨床的仮説として以下の7つの作用をあげています。

①文章による感情の明確化
　自分の考えや感じたことを文章にうまく表現できたとき，自分のそれまでの考え方や思いをはっきり実感し理解できる。
②自己カウンセリングの作用
　相手が実際に手紙を読むことがないという自由な表現の中で，それまで曖昧であった感情や，浅薄と見られた衝動的行動が，徐々に明確化され細分化される。そして，往復書簡を重ねるにつれ，自己の問題性に気づき，未熟さを改め，さらに成長する方向へ進んでいくことができる。

③カタルシス作用

　自分が差出人であり受取人であるため，手紙に思う存分，自分のそれまで抑えてきた感情を訴え，表出することで発散でき，その結果，不安や緊張が軽減し，その後，相手への理解と受容を示すことが多くなる。

④対決と受容

　役割交換によって，相手の立場に身を置き，感情などを受容する側になると，自分の敵意や否定的感情が素直に受容できないことを体験する。ここに相反する感情や欲求などのアンビバレンスやどちらかに決めかねるジレンマなどが生じるが，自己と他者との対決を重ねるにつれて，他者への洞察が深まり，他者受容がなされる。

⑤自己と他者，双方からの視点の獲得

　自分の中に他者の目を持ち，その目で自他を見直すところにロールレタリングの特色があり，視点を転換して自分を見直すと，人間関係を客観視できるようになる。

⑥ロールレタリングによるイメージ脱感作

　たとえば，相手に対する否定的なイメージが「本当は自分のことを考えて厳しくしてくれたのだ」と変わっていくように，ロールレタリングによって，これまでの誤った自己のイメージが，客観的で，妥当で，事実評価的なイメージへと変化していく。

⑦ロールレタリングによる非論理的，不合理的な思考への気づき

　自己と他者からの訴え，語りかけをとおして，これまでいかに非論理的，不合理的な思考を繰り返してきたかということに気づく。

　以上の作用から，ロールレタリングは心の問題の解決だけでなく，人間関係改善のための有効な方法として期待できます。また，学校教育のみならず，矯正教育や医療の現場においても大きな役割を果たしていく心理技法といえます。

　今後の研究では，これらの仮説を信頼性・妥当性ある検証法で明らかにしていくことが望まれます。

4 受容と対決の3段階

　ロールレタリングでは，誰からも制約を受けずに自らの内面をさらけ出しながら自分自身を見つめていくことによって，自己をありのままに受容できるようになり，自己の問題性に気づくようになります。いいかえれば，クライエント（教育現場では児童生徒）にとって考えたくないことや思い出したくないことを，自己と他者（あるいはモノ）の立場に立って対決するという経験をすることで，自分自身の課題が焦点化され，自己の問題性への気づきも深まっていくのです。また，双方の立場で訴えあうことをとおして，自己の非論理的，不合理的な思考や感情もしだいに明確化されてきます。

　春口氏は，交流分析の立場から，ロールレタリングによる受容と対決の心理過程を以下のように段階的に説明しています。

第1段階：ロールレタリングで，自己の悩みや苦しみなどを子どものように思うがまま他者にぶつける（AC：順応した子どもの自我状態）。それに対してロールレタリングで，他者の立場から批判的，懲罰的に訴える（CP：批判的な親の自我状態）。

第2段階：ロールレタリングで，自己の欲求不満や不安から問題行動に走らざるをえなかった感情や思考を自由に表現する（FC：自由気ままな子ど

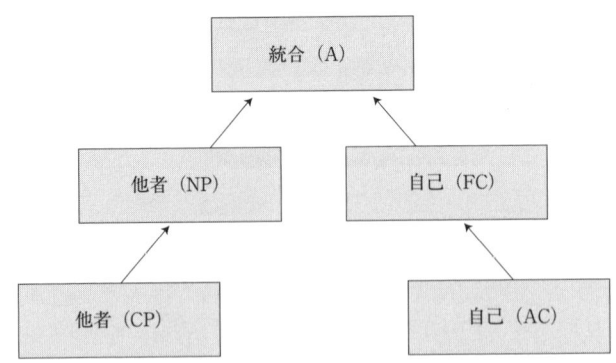

図1-3　ロールレタリングによる受容と対決と統合の構図（春口，1995）

もの自我状態）。それに対してロールレタリングで，他者の立場から相手が苦悩や不安などの内心を率直に告白したことに対し，共感的，受容的な態度を示す（NP：養護的な親の自我状態）。

第3段階：ロールレタリングで，自己と他者の双方から問題解決についての対決過程で互いの立場を客観的，理性的に洞察して心のしこりをとかす（A：大人の自我状態）。そして自己の問題性に気づくことによって，自他肯定の構えが生まれ，結果的に統合されていく。

5 思考・感情の表現過程

ロールレタリングを始めたばかりの初期の頃は，自分から他者に対しては比較的スラスラ書けるのですが，他者から自分に対しては，なかなか書けないようです。これは，今まで溜まっていた他者に対する反感や欲求不満を主観的，または感情的な態度で訴えることが，考え方の中心となっているからです。

ロールレタリングに少し慣れてくる中期になると，他者から自分に対してもスラスラ書けるようになってきます。これは，自分の中の他者の眼で，自己を見直すことができるようになり，少しずつ客観的に物事をとらえ，理性的に処理できるようになってくるからです。

ロールレタリングが定着してくる後期になると，自分自身の問題性を認め始めます。そして，相手の立場を肯定できるようになるにつれ，他者の立場になって自己の問題性を批判する思考や感情が増えてきます。このようにして統合へと向かっていきます。

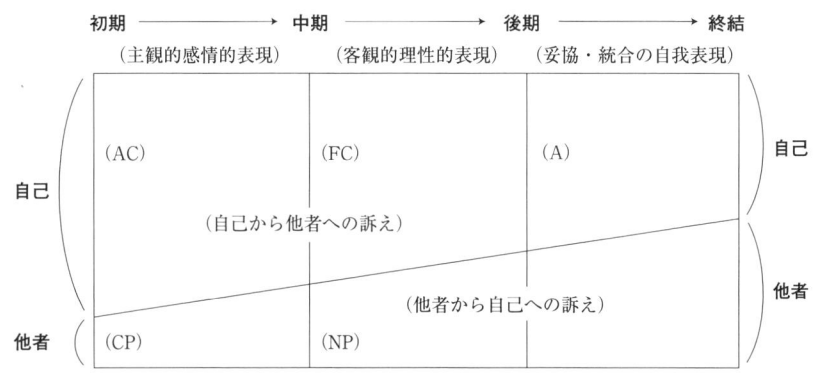

図1-4　ロールレタリングによる思考・感情の表現過程（春口，1995）

6 カウンセリング上の問題点とロールレタリング

　ロールレタリングは人間の内的葛藤や苦悩に対して，人間が生来的に有している自己治癒力に着目し，最もかかわりの深い対象人物との役割書簡の交換をとおして，自己の内部表現と自他への気づきを中心とする自己内カウンセリングです。

カウンセリングはラテン語の「consilium」に由来し,「ともに考慮する」という意味を持っています。すなわち,「カウンセラーがクライエントに適応上の問題を理解させながら,解決に向かってともに取り組んでいく関係」ととらえることができます。そして,その関係がうまくいけば,人は当面する問題を直視し,自ら進んで問題の現実的・具体的解決を図っていくようになります。

　しかしながら,カウンセラーとクライエント間に問題が生じ,その機能が適切にはたらかない場合があります。その場合のカウンセリング上の問題点として,逆転移とダブルロールがあげられます。

　「逆転移」とは,カウンセラーがクライエントの感情を客観的に受けとめ,それに共感できないとき,気づかぬうちに私的な感情で反応してしまうことです。これには,カウンセラー自身の生育の歴史や感情生活の未処理の問題が関連しているといわれています。また,「ダブルロール」とは,担任教師と生徒,あるいは親と子の間には,本質的に命令と服従,叱責と支持といった相反する調和しにくい面が存在するということです。時にはそれが,対立や断絶といった結果をもたらしてしまいます。

　これらの問題を,ロールレタリングの視点から,もう少し考えてみましょう。

　まず,逆転移の問題ですが,人は自らを変えるためには,内的な抵抗を自分自身のジレンマとして克服し,解決していかねばなりません。しかし,どうかすると,自己変化への抵抗がカウンセラーに向けられ,逆転移が生じ,カウンセラーとクライエントの関係が対立化し,双方が勝つか負けるかという緊迫した雰囲気に巻き込まれてしまいます。一方,ロールレタリングでは,このような逆転移によるカウンセラーとクライエントによる感情対立は起こりません。なぜなら,クライエント自身の内部対話により,自らを客観的に観察し,明確化していくことで内的葛藤を図っていくからです。

　次にダブルロールの問題に移りますが,生徒を指導するというおもな役割を担っている教師が,相手の立場になって感情を移入し,共感していくことは大変困難なものです。実際,筆者の経験から考えても,さっきまで生徒に対して毅然とした態度で生活指導をしていたのに,10分後には相手の気持ちをくみと

っていくカウンセラー的な役割を演じるというのはとてもむずかしいことです。しかし，ロールレタリングでは，クライエント（児童生徒）自身がカウンセラーになり，自己内カウンセリングを行うので，そのようなことは心配ありません。教師は生徒にただその時間と場所を確保してやり，一種のヘルパー的存在でかかわればいいのです。

このようなことからも，ロールレタリングはカウンセリングで生じる問題を解消できる心理技法であるといえます。

7 10年間の実践で見えてきたもの―ロールレタリングの効果―

筆者は，中学校でロールレタリングを10年間実践してきました。そこで，中学生におけるロールレタリングの効果を「ストレス反応の軽減」「自尊感情の高揚」「共感性の向上」の3点から見ていくことにします。

まず，ロールレタリング実施後，自分の心の中にある思いをあるがままに吐き出すことから，ほとんどの生徒が「スーッとした」「イライラがなくなった」「気持ちが楽になった」などの感想を述べています。その結果としてクラス全体が落ち着いていくことからも，ストレスを軽減する効果があるといえるでしょう。

一般的に，ストレスを減らすためには，ストレスの認知やコーピング（対処行動）が重要な役割を果たすとされています。しかし，いまの子どもたちには，自分にとって不快なことすべてを「ムカツク」という一語で済ませてしまい，微妙な感情の違いを感じ分けて表現する作業を省く習慣がついてしまっています。ストレスにうまく対処するためには，まず自分が「いま，ストレス状態にある」ということに気づくことが大切なのですが，子どもたちの多くは，なぜ自分がイライラしているのかわからずに，またはわかろうともせずにいるため，そんな自分に対するモヤモヤ感がストレスをいっそう強めているのです。こういった意味からも，自分自身に問いながら，湧き上がってくるありのままの感じや考えを文章化することで自己の感情や思考を明確にできるロールレタリン

グは，ストレスコーピングとして有効な方法だと考えられます。

　次に，自分自身が人から受け容れられていることを再認識するロールレタリングで自己受容をうながしたり，自分の成長を再確認するロールレタリングで自らを肯定的にとらえたりして，自尊感情を高められると思います。他者から受け容れられているという感覚が自尊感情を促進することや，自分にとって大切な人（両親，教師，友人など）から社会的に認められることが自己概念の形成にとって重要であることは，さまざまな研究からも明らかにされているところです。

　ロールレタリングでは，身近な存在である両親，教師，友人などを手紙の相手に設定することが多く，これらが生徒にとっては自己肯定感を高めたいという自己高揚動機のはたらきへとつながります。

　最後に，手紙交換をとおした相手の視点で自分自身を見つめ直していくことから，生徒に相手を気づかう言動が見られるようになります。これは，役割交換をしながら手紙のやりとりを重ねるロールレタリングによって，他者の立場に立って自分の思いをはたらかせ，他者の思いを理解していく中で他者に対する認知が変化し，他者を尊重する態度が形成されるため，共感性が向上しているのだと考えられます。

　以上の3点が，筆者が実践をとおして実感した，中学校におけるロールレタリングの効果です。次の章では，その実践方法について具体的に紹介していきましょう。

第2章

ロールレタリングってどうやるの？

1 ロールレタリングのやり方

(1) テーマは？

　まずは，教師のねらいに応じてテーマ（ここでいうテーマとは，手紙を書く対象となる人物や条件のこと）を設定します。児童生徒が慣れてきたら，自分たちでテーマを設定させてもよいでしょう。最初は，児童生徒とかかわりの深い人物（両親，家族，先生，友達など）をテーマとして設定します。さらに，日常使っている鉛筆や消しゴム，飼っているペットなど，人以外の物や動物もテーマにすることができます。ロールレタリングを行うことでいろいろな対象に感情移入できるようになれば，子どもたちの感性はいっそう高まっていくでしょう。子どもたちの状況に応じて，「うまくいかない友達」や「優しくしてくれる両親」などテーマを具体的にしたり，ある想定下での実施を試みることもできます。

　筆者の経験からすると，学校現場では，体育祭のリーダーや合唱コンクールの指揮者などをテーマにして学校行事と関連させると，高い効果が期待できると思います。

　　（例）私 → 両親へ（往）　　両親 → 私へ（返）
　　　　　私 → ペットのレオちゃんへ（往）　　ペットのレオちゃん → 私へ（返）
　　　　　私 → うまくいかない友達へ（往）　　うまくいかない友達 → 私へ（返）

　　　　「先生から傷つけられたという条件下で」
　　　　　私 → 先生へ（往）　　先生 → 私へ（返）
　　　　「いじめられているという想定下で」
　　　　　いじめられっ子（私） → いじめっ子へ（往）
　　　　　いじめっ子 → いじめられっ子（私）へ（返）

(2) 手紙を書く用紙や筆記具は？

　便箋や原稿用紙，プリントなど何でもかまいません。筆者は，ノートを使用しています。ノートは，保管に便利であり，あとで，これまでの自分自身の気持ちを振り返ることができるからです。また，筆記具については，色つきサインペンやマジックなどを自由に使用させています。子どもによっては，実施時の気分で色を使い分けている場合もあります。子どもたちの感想からすると，ペンやマジックはスラスラと書き心地がよく，溢れ出た思考や感情を一気に気持ちよく書くことができるようです。

(3) 書く内容や形式は？

　指導者（教師）は書いた内容を見ません。もちろん，親や友人にも見せないので，本音で書くように指導します。形式については自由で，場合によっては，絵や吹き出しを使ってマンガ風に書いてもよいかと思います。筆者は，小学校3年生の児童にロールレタリングを実施したとき，両親の絵を描き，それに吹き出しを付けました。そうすることによって，低学年の子どもができるだけ対象者をイメージしやすくし，感情を表せるように工夫したのです。

　また，学年を問わず，誤字，脱字，文書量などについては気にしないように指導します。

(4) 書く期間や時間は？

　春口氏は，ロールレタリングの効果として，「心を表出する → 心のしこりが明確化する → 焦点化 → 対決 → 自己の問題性に気づく」という過程を考えると，深化させるためには同じテーマで数回の往復が望ましいと述べています。

　しかし筆者は，学校教育で，特に学級集団を対象とした場合は，マンネリ化を防ぐために，毎回テーマを変えたほうがよいと思います。期間については，隔週１往復くらいが適当で，往信と返信との間は３～４日あけたほうが自分の書いた内容を客観的にとらえることができるでしょう。また，時間については，ロールレタリングの回数を重ねていくことで早く書けるようになりますが，15分くらいが適当だと思います。

(5) 回数は？

　ロールレタリングは回数を重ねることで，内容の深化が図られることはいうまでもありません。しかし，回数にこだわりすぎて，クライエント（児童生徒）に対して押しつけになってしまったり，ロールレタリングの実施に二の足を踏んでしまったりするようであれば，１回の実施でもかまわないので，ぜひ子どもたちにさまざまな「気づき」をうながす機会を与えてあげてほしいと思います。実際に，ロールレタリングを１回実施しただけで，保健室登校の生徒の心のしこりが解け，翌日，その生徒が教室にもどれたこともありました。

(6) 配布・回収・保管は？

　ノートの配布は原則として，教師が直接，一人ひとりの机に丁寧に置いていきます。また，可能であれば，回収も配布と同じようにします。手紙を書いている間は，ノートと向きあえるように静かな雰囲気をつくることが大切です。保管については，筆者はノートを入れる箱に鍵をかけて，教室の前の棚に入れています。

(7) 実施する時間は？

　ロールレタリングは15分でできるので，朝の時間でも実施可能です。筆者は学級活動の最初の15分や，朝や帰りのホームルームの時間を使って行っています。また，道徳の題材に合わせてロールレタリングを取り入れてみるのもおもしろいでしょう。

　ある学校では，「自分を見つめよう」というコースを総合学習の時間に設定し，週1回，ロールレタリングを行っているところもあるようです。

2 ロールレタリングを行うときの留意点

(1) 児童生徒との信頼関係をつくる

　あらゆる心理技法において，治療者とクライエントの間に十分なラポール（信頼関係）が形成されていることが成立条件となるのはいうまでもないことです。児童生徒と「ノートは見ない」と約束している場合，興味本位でノートを見るべきではありません。しかし，生徒が命にかかわるようなサインを出している場合は，教育者という立場で目を通す必要があると春口氏は述べています。ただし，やむを得ず見た場合でも，ノートを使っての指導は絶対にすべきではありません。また，筆者は，ノートを見てほしい生徒には付箋を貼るように指導しています。

(2) 早急に効果を求めようとしない

　私たち教師はすぐに効果を求めようとしがちですが，ロールレタリングの効果は，教師ではなく生徒自身が感じることが大切です。「気づき」は一瞬にして生じることが多いものですが，教師の立場としては「ロールレタリングの効果は漢方薬のようにジワーッと現れてくるのだ」というような大きなスタンスでのぞむことが必要です。

(3) 書いた内容を見せたり話したりさせない

　原則として，教師に思いや気持ちを伝える以外は，ロールレタリングの書いた内容をクラスの仲間や友達に見せたり，話したりさせないようにしてください。安易にそのようなことを許すと，例えば，「私 → 友達へ」のロールレタリングで「僕はA君に悪口を書いたよ」「私もA君にムカついたことを書いた」などとなり，逆にいじめにつながる危険性があるからです。

(4) 書か（け）ない児童生徒がいても叱らない

　書か（け）ないことにも意味があります。「なぜ書か（け）ないのかな？よかったら，その理由を教えて（書いて）くれないかな」などの対応ができればベストです。また，生徒は書けなくても頭の中で考えていることがあるので注意しましょう。

(5) 机間巡視は控え，温かく見守る

　授業では，教師が机間巡視することは当然ですが，ロールレタリングに関しては，それを控えてください。なぜなら，生徒が教師からノートを覗かれているのではないかと思い，落ち着いてロールレタリングに取り組めないからです。また，生徒がロールレタリングを行っている最中は，教師は教壇の前で生徒一人ひとりを温かく見守ってほしいと思います。生徒にはロールレタリングをさせ，教師が他の仕事をせっせとしているようでは，生徒はあまり真剣に取り組もうとはしません。教師が，クラスの生徒一人ひとりの悩みや訴えを受容的に聞いているのだというカウンセリング的態度が必要です。

　筆者の場合，教壇の前に位置して，笑顔でクラス全体を見つめ，「何でもいいから話して（書いて）ごらん」というような雰囲気づくりを心がけています。

(6) 高圧的・権威的な態度で行わない

　心理技法全般にいえることですが，カウンセラーがクライエントに治療を強制的に押しつけて実施させてもうまくはいきません。

ロールレタリングも同様で、たとえば教師が生徒に「今日はいじめがあったからロールレタリングをする！」などと言って指導的立場で行っても、生徒が本心でノートに向かうことは少ないでしょう。教師は、生徒の心の成長を手助けする支援者という立場で実施することが望ましいと思います。

　筆者は以前、あることでクラスを説教したあとにロールレタリングを実施したことがあります。そのときの雰囲気は最悪で、生徒たちのほとんどが乗ってきませんでした。たった１回の出来事で、後のロールレタリングの実施は気まずいものとなり、その年はうまくいかなかった苦い経験があります。

(7) ロールレタリングと面接を併用する

　ロールレタリングだけでも効果はありますが、面接と併用すると、さらに効果が高まります。ロールレタリングの内容を見ない代わりに、手紙を書いたときの複雑な気持ちを受容する面接は効果的です。また、深刻な苦悩や自傷行為が疑われる児童生徒については、面接を行いながら子どもの心の動きに気を配り、ロールレタリングを行うことが重要となってきます。

3章では、面接を取り入れた実践も紹介しています。

3 ロールレタリングの展開例

生徒の学習活動	指導のねらい・留意点
1　本時のロールレタリングのテーマを聞く。（3分） ・テーマについてイメージする。（黙想）	・生徒を落ち着かせ，静かな雰囲気をつくる。 ・机の上の物はすべて片づけさせ，筆記具のみを用意させる。 ・前の棚から箱を出し，教壇に置く。 ・教師がテーマを提示し，板書する。
2　ノートを受け取る。（3分） ・早く受け取った生徒は，ノートを書いたりノートの過去の記述分を振り返ったりする。	・生徒の目の前で鍵を取り出し，箱を開ける。 ・教師が生徒一人ひとりの机上にノートを置いていく。
3　ノートを書く。（15分） ・静かな状態でノートを書き，絶対に話をしたり他の人のノートを見たりしないようにする。 ・記述の内容は，原則としてテーマに沿って書く。どうしても違うことを書きたい場合は，希望するテーマで書く。 ・テーマについて経験がない場合でも想像して書く。 ・ノートを書き終えた生徒は，過去の記述分を振り返るか，ノートを閉じて静かに待つ。	・全員にノートを配り終わってから時間を計る。 ・どうしてもテーマと違うことを書きたい生徒がいる場合は，学級全体がそうならないよう慎重に扱う。 ・筆記具の色や素材は自由に使わせる。また，記述形式も自由とする。場合によっては絵を使って表現してもよいとする。 ・書いていない生徒については，「なぜ，書けないのかな」「今の気持ちはどんなかな」などのように問いかけ，そのことについて書かせる。 ・テーマが漠然として書けない生徒には，教師が具体的に書く視点を与える。 ・寝ている生徒は起こし，学級全体で活動している雰囲気を大切にするよう指導する。 ・できるだけ時間いっぱい取り組ませる。 ・ノートを書き終えても，原則としてほかの作業はさせないようにする。
4　ノートを提出する。（2分）	・教師がノートを一人ひとり回収し，生徒の目の前でノートを箱にしまい，鍵をかけて棚に入れる。

これが，ローレ実施の基本となるので，よくイメージしておいてくださいネ！

4 ロールレタリングの4つの技法

春口氏は，ロールレタリングの技法を次の4つに大別しています。

①A方式（個人対象）
個人を対象としたロールレタリング。対象との往復書簡による自己対決であり，そこには，直接的な感情対立は生じず，抵抗を軽減させながら現実の自己との対決を図り，自己への気づきをうながす。

②B方式（集団対象）
集団を対象としたロールレタリング。おもに，小・中学校などの学校教育現場において適用できる。個人療法としての機能を失うことなく，集団を対象とした個別心理療法を一斉に行えることが大きな特徴。

③C方式（告白・守秘義務の高い自己カウンセリング）
守秘機能の高い自己カウンセリングとしてのロールレタリング。健康な自我を持ちながらの家庭内の問題や，対人関係などによる軽度のうつ症・神経症レベルを対象としたもの。他者に知られずに，自己の悩みを解消できる方法として活用できる。

④D方式
治療的アプローチとしてのロールレタリング。多重人格障害（解離性同一性障害）などの精神障害のある患者への治療法の1つとして活用できる。

特に，福岡県立大学名誉教授の杉田峰康氏は，春口氏のロールレタリングによる多重人格障害へのアプローチを支持しています。多重人格とは，まさにバラバラになった断片的な自己の不統合の状態であり，父親，母親，学校の教師，はしゃいでいる私，悲嘆にくれた私など，何の統合もとれずにそれぞれの断片的な人格の一部が，段階，段階に出てくる状態です。これをロールレタリングによって，統合した人格にもどしていこうとするものです。

アメリカでは，多重人格の原因ともなる虐待や家庭崩壊が増え，親子のコミ

ュニケーションが弱体化しています。日本はだいたい10年ぐらい遅れてアメリカの後を追うという法則があり，アメリカと同程度に離婚率や犯罪の発生率が増えれば，日本にも同じような時代がくることが予想されます。

　現在，筆者も春口氏とともに，ロールレタリングによる多重人格障害への研究を進めているところです。

　以上に述べた4つの技法は，今後のロールレタリング研究の将来の展望も示しています。ロールレタリングは，個人ばかりではなく，集団の場で用いることができます。そのため，今日急増している不登校やいじめなどの問題行動への対応にあたって最も必要とされる，児童生徒集団の心の把握にも優れています。また，心身医学において患者心理を理解する方法としても豊かな可能性を秘めていると考えられるでしょう。

第3章

ロールレタリングをやってみよう！

その1
ロールレタリングで生徒のメンタルヘルスを促進

　近年，学校教育現場では，「いじめ」「不登校」「校内暴力」などのさまざまな問題行動が生じ，大きな社会問題となっています。これらの問題行動の背景には，早稲田大学教授の坂野雄二氏は「児童生徒のストレス増大」，東京少年鑑別所元所長の荻原恵三氏は「自分自身を価値ある存在とみなす自尊感情の欠如」，立教大学教授の町沢静夫氏は「他人を理解する共感性の低下」という要因があるとし，こういった要因が生徒のメンタルヘルスと大きく関係していることが指摘されています。

　メンタルヘルスとは，個人が学校や社会に適応できるような心の健康を保つことです。メンタルヘルス国際情報センター所長の小林司氏は，「メンタルヘルスとは，心の不健康を予防し，より健康な心をつくること」と述べています。

　メンタルヘルスを促進することは，心の不健康となるストレスを軽減させ，健全な自尊感情の高揚や共感的人間関係を向上させていくことで，学校や社会に主体的に適応できるようになるということです。

　ここでは，ロールレタリングを使って生徒のメンタルヘルスを促進させ，問題行動を未然に防ぐことで，生徒一人ひとりが充実した学級・学校生活を送ることができるように指導・援助していくことをめざしました。

1 実施前の生徒の実態

　本市は都市圏にあり，ベッドタウンとして，近年，急激に住宅が増加し，市街地化が進んでいるところです。本校はその中心に位置し，19学級（2学級が特別支援学級）の600名足らずの中規模校です。

　本校の生徒の実態として，明るく，指示されたことはきちんとできますが，自ら主体的に学習したり，仲間とともに学んでいこうとする態度があまり見られません。また，ほとんどの生徒が塾や社会体育，習い事に通っており，毎日，ゆとりなく生活を送っているようです。さらに，遊びといえばテレビゲームやメールなどの情報機器を媒介としたものが多く，互いに顔を合わせて人間関係をつくっていく能力も不足しているように見受けられます。今回，ロールレタリングを実施する本校1年生も例外ではなく，毎日の塾通いや習い事で，常に精神的にイライラしており，そのうえ，他と比較されることで自信を失い，仲間とはささいなことでトラブルを起こしていました。

　そのような本校中学校1年生のロールレタリング実施学級35名と，同市内の中学校1年生の対照学級33名を，「ストレス反応」「自尊感情」「共感性」の3つの観点から比較しました。

　図3-1は，ロールレタリング実施前（5月）に心理測定尺度を用いて，ストレス反応を比較したものです。実施学級は対照学級と比較し，ストレス反応が高いことがわかります。また，図3-2は，同じく自尊感情を比較したものです。実施学級は対照学級と比較し，自尊感情が低いことがわかります。図3-3は共感性を比較したもので，実施学級は対照学級と比較し，共感性が低いことが見てとれるでしょう。

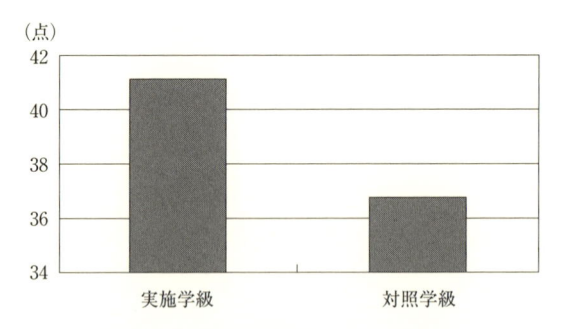

図3-1　生徒の実態（ストレス反応）

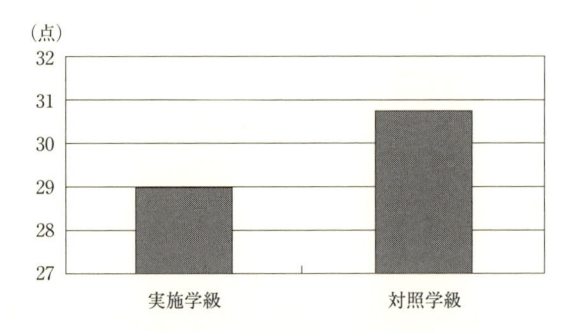

図3-2　生徒の実態（自尊感情）

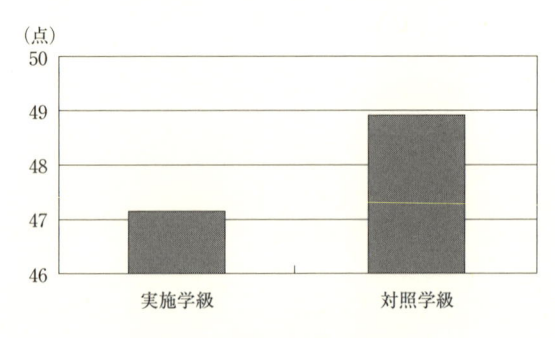

図3-3　生徒の実態（共感性）

2 学級経営に生かすさまざまな工夫

　ロールレタリングの創始者である春口氏は,「人は"気づき"によって, メンタルヘルスを促進することができる」と述べています。また, 春口氏がロールレタリングを創始するにあたってヒントを得たゲシュタルト療法では, "気づき"を深める過程を,「クライエントの感情発散 → 自己の認識 → 相手の存在の承認」としています。

　そこでまず, 学級経営にゲシュタルト療法の理論を取り入れ, ロールレタリングに"気づき"を深める過程のそれぞれに対応する3つの段階,「ストレスを発散する段階」「自分を価値あるものととらえる段階」「他者の気持ちをくみとる段階」を設定しました。そして, 各段階に応じて, ロールレタリングのテーマを生徒の日常生活や学校生活, 学校行事に意図的・計画的に関連させました。

学級経営の段階	ストレスを発散する段階	自分を価値あるものととらえる段階	他者の気持ちをくみとる段階
ロールレタリングのテーマ	「私 ⇄ 父・母へ」 「私 ⇄ 先生へ」 「私 ⇄ うまくいかない○○○へ」	「私 ⇄ 小学校時の私へ」 「私 ⇄ 小学校時の先生へ」 「私 ⇄ 大切な○○○へ」	「私 ⇄ 自然教室の班員へ」 「私 ⇄ 合唱コンクールリーダーへ」 「私 ⇄ 心配な友達へ」
	ストレスを発散させるテーマ	自尊感情を高揚させるテーマ	共感性を向上させるテーマ

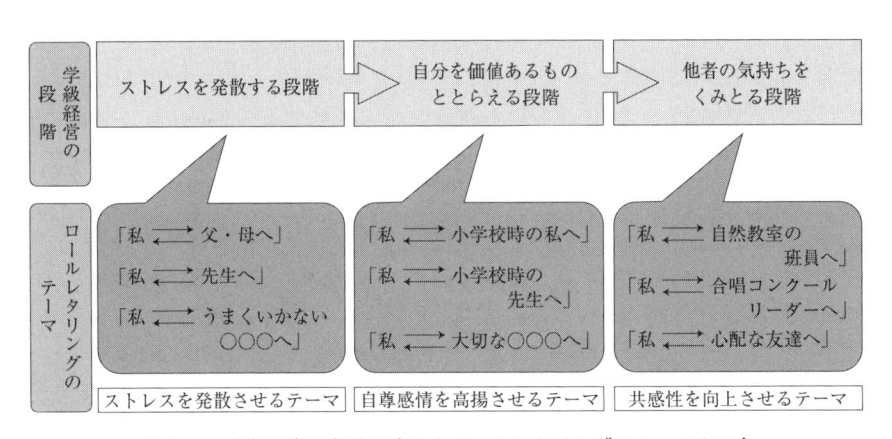

図3-4　学級経営の段階に応じたロールレタリングのテーマの工夫

　さらに, ロールレタリング後, 生徒の感情や思考を振り返ったり, 分かちあったりするシェアリングの場を, 各段階に応じて個別支援やグループ支援, 集団支援という形で設けることにしました。その際, 生徒が心を開いて自己の内面をとらえながら問題解決できるように, カール・ロジャースのカウンセラーの3条件（①受容：感情をありのまま受容する。②共感：思考を共感的に理解

する。③自己一致：現実とイメージの一致や不一致を感じとらせる）を支援形態の中に取り入れることにしました。

学級経営の段階	ストレスを発散する段階	自分を価値あるものととらえる段階	他者の気持ちをくみとる段階
支援形態の工夫	個別支援 実施者 ↔ 教師 ロールレタリング後の感情をありのまま受容される〈受容〉	グループ支援 実施者を中心に複数の実施者 ロールレタリング後の思考を共感的に理解される〈共感〉	集団支援 実施者を中心に多数の実施者 ロールレタリング後の現実とイメージの一致や不一致を感じとる〈自己一致〉

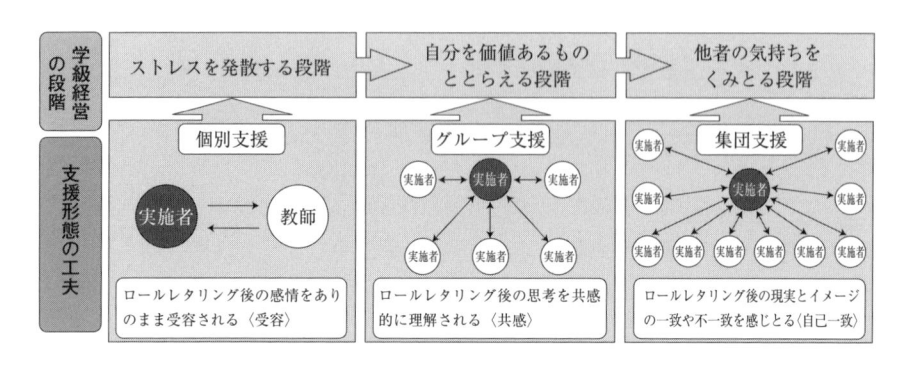

図3-5　学級経営の段階に応じたロールレタリングの支援形態の工夫

こうして生徒がさまざまな気づきを生じたり深めたりする機会を持つことで，個人のメンタルヘルスの促進を図ったわけです。メンタルヘルスが促進された生徒の具体的な姿については，以下のように想定してとらえています。

・自らのストレスを軽減し，感情をコントロールできる生徒（ストレスの軽減）
・自分自身を価値ある存在とみなし，物事に積極的に取り組むことができる生徒（自尊感情の高揚）
・他者の気持ちをくみとり，他者と良好な人間関係を保つことができる生徒（共感性の向上）

3 いざ実践！

まず，指導・支援の計画を表3-1にまとめておきましょう。

表3-1 指導・支援計画

月	段階	回	ロールレタリングのテーマ
6月～7月中旬	ストレスを発散する段階	1・2	「私 → 父・母へ」「父・母 → 私へ」
		3・4	「私 → 先生へ」「先生 → 私へ」
		5・6	「私 → うまくいかない○○○へ」「うまくいかない○○○ → 私へ」
9月～10月中旬	自分を価値あるものととらえる段階	7・8	「私 → 小学校時の私へ」「小学校時の私 → 私へ」
		9・10	「私 → 小学校時の先生へ」「小学校時の先生 → 私へ」
		11・12	「私 → 大切な○○○へ」「大切な○○○ → 私へ」
10月中旬～11月	他者の気持ちをくみとる段階	13・14	「私 → 自然教室の班員へ」「自然教室の班員 → 私へ」
		15・16	「私 → 合唱コンクールのリーダーへ」「合唱コンクールのリーダー → 私へ」
		17・18	「私 → 心配な友達へ」「心配な友達 → 私へ」

あとの分析と考察の項でも詳しく説明しますが、生徒の中から、ストレス反応の低い子を抽出生徒A、高い子を抽出生徒B、自尊感情が高い子を抽出生徒C、低い子を抽出生徒D、そして、共感性が高い子を抽出生徒E、低い子を抽出生徒Dとして検証することにしました。

(1) ストレスを発散する段階

この段階では、複雑な人間関係や学業などから生じるさまざまなストレスを生徒が発散することをねらいとしました。

まず、生徒が、日常、身近な存在である父・母に対して、日頃の不平・不満を思いっきり吐き出せるように、「私 → 父・母へ」「父・母 → 私へ」（3日後）というテーマでロールレタリングを実施しました。

次に、学校生活で常に接している教師に対して、思っていても言えないことや悩みを訴えられるように、「私 → 先生へ」「先生 → 私へ」（3日後）というテーマで実施しました（資料3-1）。

そしてさらに、現在または過去において自分とうまくいっていない友達に対して、自分の考えや湧き上がる感情などをありのまま表出できるように、「私 → うまくいかない○○○へ」「うまくいかない○○○ → 私へ」（3日後）というテーマで実施しました。

ロールレタリングノートと保管木箱
この中にノートをしまい，鍵をかけます。

抽出生徒Bの「私 → 先生へ」

> 先生にロー…相談とかは、全然ないんですけど…
> ○○、めっちゃムカツキます。
> あいつ自分のしてる事わかってんのか木ッて感じです。
> 　　悪口言ってる自分のほうが悪いんじゃないの？？
> なのに 私の思ってる人にあんな事いうなんて…許せない。
> 今すぐにでも、ボコしてやりたいです。
> あいつ、キモイ＆めざわり。

本人の了承を得て一部抜粋

教師に対して，普段，思っても言えないことや自分の感情をありのままに思いっきり吐き出している部分。
【ストレスの発散】

資料3-1　抽出生徒Bのロールレタリングの記述内容

実施後，生徒がありのままの感情を他者に受容してもらえるということを実感する機会をつくるために，個人支援として，担任教師が生徒一人ひとりにロールレタリング後の感想について，感情面を中心に聴くことにしました。

ロールレタリング後の個別支援
ノートの内容にはふれず，生徒がロールレタリングの感想を，リラックスして話せるようにしました。

(2) 自分を価値あるものととらえる段階

　この段階では，自分自身を好意的に評価しようとする自己高揚動機のはたらきを生かし，生徒が自分を価値あるものととらえられるようになることをねらいとしました。

　まずは，生徒が自分の成長を実感できるように，「私 → 小学校時の私へ」「小学校時の私 → 私へ」（3日後）というテーマでロールレタリングを実施しました。

　次に，同じく自分の成長を他者の目から再確認できるように，「私 → 小学校時の先生へ」「小学校時の先生 → 私へ」（3日後）というテーマで実施しました。

　最後に，自分にとって大切な他者から受け容れられていることを再認識できるように，「私 → 大切な○○○へ」「大切な○○○ → 私へ」（3日後）というテーマで実施しました（資料3-2）。

熱心に取り組む生徒
誰にも見えないようにノートを隠しながら，一生懸命書いています。

抽出生徒Dの「大切な○○○ → 私」

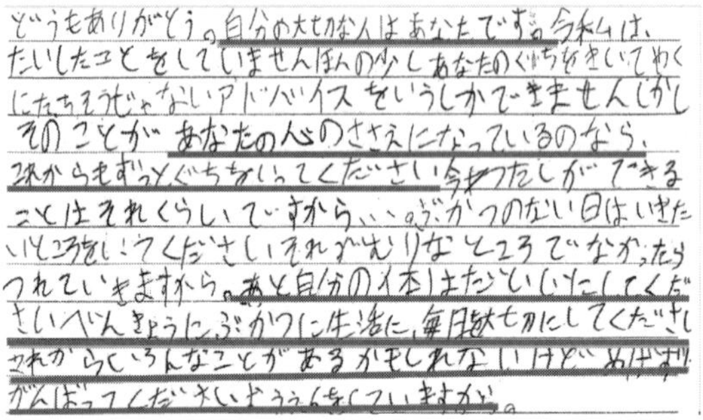

本人の了承を得て一部抜粋

自分にとって大切な他者（抽出生徒Dの場合は親）から受け容れられ，自分を価値あるものとみなしている部分。
【自尊感情の高揚】

資料3-2　抽出生徒Dのロールレタリングの記述内容

実施後，生徒がお互いの思いや考えを共感的に理解できるように，グループ支援を行いました。具体的には，6人の班員がそれぞれのロールレタリング後の考えを出し合って，班員どうしでその考えを分かちあうようにしました。

ロールレタリング後のグループ支援
みんな，班員の話に熱心に耳を傾けています。

(3) 他者の気持ちをくみとる段階

この段階では，生徒が相手の立場に立って自分の思いをはたらかせ，他者の気持ちをくみとれるようになることをねらいとしました。

まず，自然教室で班員がそれぞれ仲間のことを思って協力していくために，「私 → 自然教室の班員へ」「自然教室の班員 → 私へ」（3日後）というテーマでロールレタリングを実施しました。

次に，合唱コンクールでクラスをまとめてがんばっているリーダーの気持ちを考えるために，「私 → 合唱コンクールリーダーへ」「合唱コンクールリーダー → 私へ」（3日後）というテーマで実施しました。

最後に，生徒のまわりにいる心配な友達に対して思いを寄せるために，「私 → 心配な友達へ」「心配な友達 → 私へ」（3日後）というテーマで実施しました（資料3-3）。

> 抽出生徒Fの「大切な○○○→私」
>
> そういうことをする時は、自分がむしゃくしゃしてる時だと思う。
> いやな時はいやとはっきり言えばぼくもやめる。
> もしやめない時は先生に言ったらいい。それが気にしなければ
> いつかやめると思う。何か言われたら受け流すのもいいかもしれない。
> そこで○○が、手をだしたらいけないので、口で言って注意してほしい。
>
> 本人の了承を得て一部抜粋

心配な友達（抽出生徒Fの場合は入学時からよくけんかしている友達）の立場に立って自分の思いをはたらかせている部分。
【共感性の向上】

資料3-3　抽出生徒Fのロールレタリングの記述内容

ロールレタリング後の集団支援
合唱コンクールの練習の場では、リーダーに対する生徒の気持ちが変化したことで、練習の雰囲気にも変化がみられました。

実施後，生徒が実際の生活とロールレタリングのイメージとの一致や不一致を感じとれるように，集団支援として，自然教室・合唱コンクールなどの学校行事の場や日常の学校生活の場で，ロールレタリングで感じたり思ったりしたことを，実際に行動に移すように指導しました。

4 結果の分析と考察

(1) 検証方法・抽出生徒について

ロールレタリング実施後，生徒のメンタルヘルスがうまく促進されているかどうかを調べるために，以下の方法（表3-2）で検証を行うことにしました。

そして，これらをもとに，学級経営の段階に応じたテーマの工夫や支援形態の工夫の有効性について考えることにしました。

表3-2　検証方法

方　法	内　　　容
ストレス反応尺度	百々が作成した尺度であり，20項目4件法から成る。得点が低いほど，ストレスが低い。
自尊感情尺度	ローゼンベルグが作成した尺度であり，10項目5件法から成る。得点が高いほど，自尊感情が高い。
共感性尺度	デイビスが作成した尺度であり，14項目5件法から成る。得点が高いほど，共感性が高い。
内省報告	ロールレタリングの感想を自由記述により求める。
行動観察	ロールレタリング実施中の行動を観察し，記録する。
教師自作アンケート	5項目4件法から成り，得点が高いほど，ロールレタリングを肯定的にとらえているものとする（本書p.48では，そのうちの3項目を紹介）。

また，図3-6，3-7，3-8は，ロールレタリングを行う前の実施学級35名のストレス反応尺度得点，自尊感情尺度得点，共感性尺度得点のヒストグラムです。得点の高群からは抽出生徒A，C，Eを抽出し，低群からは抽出生徒B，D，Fを抽出し，ロールレタリング実施後と比較しました（ストレス反応のみ，得点が低いほうが高群，高いほうが低群扱いになります）。

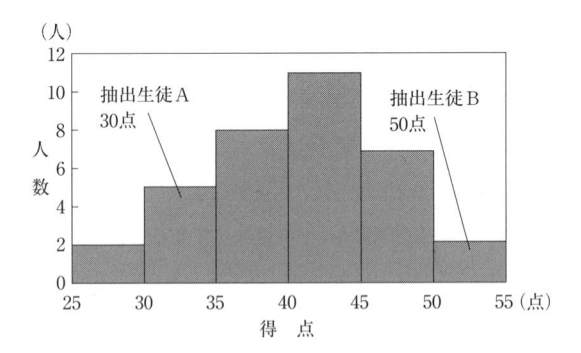

図3-6 ストレス反応尺度得点のヒストグラム

抽出生徒A 30点
抽出生徒B 50点

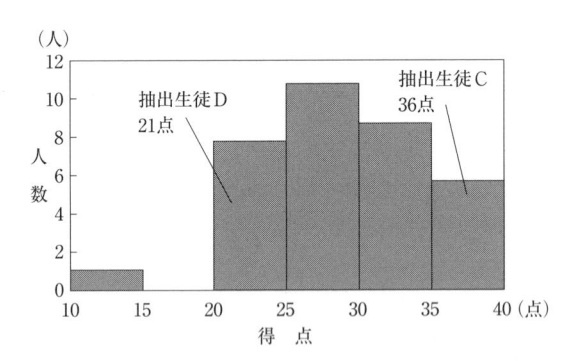

図3-7 自尊感情尺度得点のヒストグラム

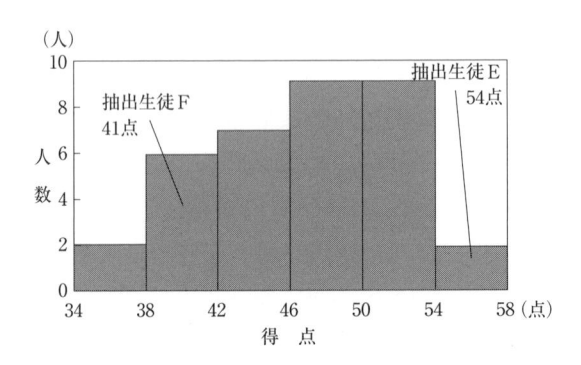

抽出生徒D 21点
抽出生徒C 36点

図3-8 共感性尺度得点のヒストグラム

抽出生徒F 41点
抽出生徒E 54点

(2)「ストレスを発散する」はどうだったか
①心理測定尺度から

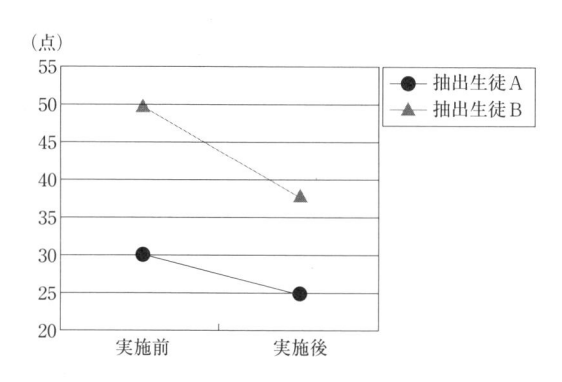

図3-9　抽出生徒の変容（ストレス反応）

　図3-9は、ストレスを発散する段階後の抽出生徒A，Bのストレス反応尺度得点の結果です。抽出生徒Aは25（実施前30），生徒Bは38（実施前50）でした。抽出生徒A，Bともに明らかに下降しており，生徒はストレスを軽減していることがわかります。

②内省報告から
　資料3-4は抽出生徒Bの学習後の感想です。普段言えない人物へ不満や悩みを文章で訴えることで，さまざまなストレスを発散しているとともに，発散後は嫌な相手に対しても理解を示し，感情をコントロールしていることがわかります。

> 私は、ローレでストレスが解消されました。普段言えない人への不満や悩みなどを書くことで、自分以外の相手の気持ちを考える事ができたし、自分は変わったと思います。最初は、嫌な相手に対し不満があった事もあったけれど、相手ばかりが悪い訳ではないと理解する事ができました。ローレは私にとって、心の安らぎです。

資料3-4　抽出生徒Bの学習後の感想

③行動観察から

　ロールレタリングの導入の初期段階にもかかわらず，ほとんどの生徒が一心不乱にノートに向かっていました。特に「私 → 先生へ」のテーマのときには，生徒は好んで楽しそうに書いていました。

　次に，抽出生徒から見てみると，抽出生徒Aは，「私 → 先生へ」というロールレタリングのテーマで，日頃思っていても言えないことや悩みをありのまま表現することですっきりした表情をしていました。また，個別支援では，教師にロールレタリングをして気持ちが軽くなったと語っていました。

　抽出生徒Bは，「私 → 父・母へ」「私 → 先生へ」「私 → うまくいかない○○へ」でさまざまな人物に自分の考えや感情を色つきサインペンで思いっきり書き表すことで，ノートを書き終えたあとはとても落ち着いていました。個別支援では，ロールレタリングによってムカツキやイライラがなくなったと喜んでいました。

　ストレスを発散する段階後，抽出生徒A，Bともに学級で笑顔が多く見られるようになってきました。

(3)「自分を価値あるものととらえる」はどうだったか

①心理測定尺度から

　図3-10は，自分を価値あるものととらえる段階後の抽出生徒C，Dの自尊感情尺度得点の結果です。抽出生徒Cは44（実施前36），抽出生徒Dは33（実

施前21）でした。抽出生徒Ｃ，Ｄともに明らかに上昇しており，生徒の自尊感情が向上していることがわかります。

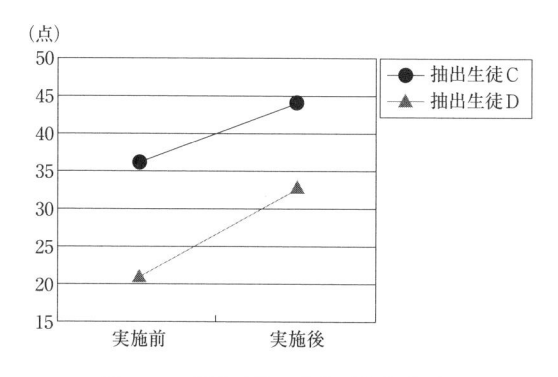

図3-10　抽出生徒の変容（自尊感情）

②**内省報告**から

資料3-5は抽出生徒Ｄの学習後の感想です。自分自身を好意的に評価したいという自己高揚動機がはたらいて，いろいろなことを言われても「自分は自分なんだ」という自信を持ち，自尊感情を高め，物事を前向きにとらえて積極的に取り組もうとしていることがわかります。

> 僕は、ローレをする前は、自分に対して自信が持てませんでした。どうしてかと言うといろんな人からいろいろ言われていたからです。でもローレをしてみて、「自分は自分なんだ」という気持ちになり、人の言うことを気にしなくなったし、いろんなことにもやる気も出てくるようになりました。ローレで自分がとても前向きになりました。

資料3-5　抽出生徒Ｄの学習後の感想

③**行動観察**から

この段階は，ロールレタリングのテーマが「小学校時の私 → 私へ」「小学

校時の先生 → 私へ」など，過去の自分を振り返らせるものが多かったためか，じっくり考えて取り組んでいる生徒の姿が目立ちました。

　抽出生徒Cは，「小学校時の私 → 私へ」「小学校時の先生 → 私へ」というロールレタリングでは，小学校時にがんばっていたことを思い出し，自分を励ますようにノートいっぱいに書いていました。グループ支援では，ロールレタリング後の班員の考えに対して相づちを打ちながら共感的に聴いている様子がうかがえました。

　抽出生徒Dは，「大切な○○○ → 私へ」というロールレタリングでは，設定時間の15分間を5分間延長してじっくりと取り組んでいました。そして，書いたあともその内容を何度も読み返しては微笑んでいました。グループ支援では，「ロールレタリング後，自分に自信が持てるようになった」と，自分の考えを班員に堂々と語っていました。

　自分を価値あるものととらえる段階後，抽出生徒Cは学習や部活動にいっそう力を注ぐようになり，抽出生徒Dは後期の代議員に立候補し学級をまとめるようになりました。

(4)「他者の気持ちをくみとる」はどうだったか
①心理測定尺度から
　図3-11は，他者の気持ちをくみとる段階後の抽出生徒E，Fの共感性尺度

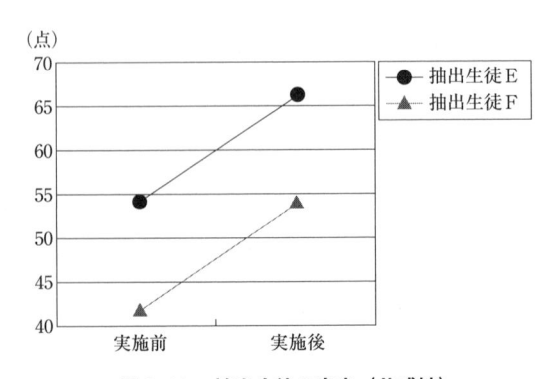

図3-11　抽出生徒の変容（共感性）

得点の結果です。抽出生徒Eは66（実施前54），抽出生徒Fは54（実施前41）でした。抽出生徒E，Fともに明らかに上昇しており，生徒の共感性が向上していることがわかります。

②**内省報告**から

資料3-6は抽出生徒Fの学習後の感想です。抽出生徒Fは，「私 → 心配な友達へ」のロールレタリングで，入学当初にからかってけんかした友達に対して書いていました。実際にロールレタリングの内容のとおりに相手に接したことで仲直りすることができ，自分の思いをはたらかせて，他者の気持ちをくみとり，それを行動に移して人間関係を保っていることがわかります。

> 僕は，入学して間もない頃，よくけんかをしていました。その時は，相手の気持ちがよくわからなかったからです。しかしこの前，友達に悪口を言われた時，ロールに書いた内容と似ていたので，そのとおりに接してみると仲直りできました。その時「入学の時けんかした相手はこんなに大変だったんだ」と思い，ロールをやって良かったなぁと実感しました。

資料3-6　抽出生徒Fの学習後の感想

> 実際に行動にうつすということも，大事ですね。

③**行動観察**から

この段階では，ロールレタリング後，生徒はクラスの仲間に対して，寛容的・親和的態度で接するようになってきました。

抽出生徒Eは,「私 → 自然教室の班員へ」「私 → 合唱コンクールリーダーへ」というロールレタリングでは,時折,目を閉じて仲間のことを考えるしぐさを見せながら熱心にノートに向かっていました。集団支援では,実際に合唱コンクールの練習の場で仲間に対してリーダーに協力するようにはたらきかけていました。

　抽出生徒Fは,「心配な友達 → 私へ」というロールレタリングで,入学当初にからかってけんかした友達の顔をチラチラ見ては,自分の思いをはたらかせながら書いていました。集団支援では,学級の日常生活の場でロールレタリング後,けんかしていた友達と仲直りをしていました。

　他者の気持ちをくみとる段階後,抽出生徒Eはリーダーと仲間をつなぐコーディネーター役となり,抽出生徒Fは学級の仲間とのトラブルがなくなりました。

(5) 全体を振り返って
①生徒のメンタルヘルスの促進について

　図3-12は,実施学級と対照学級のロールレタリング実施前と実施後のストレス反応尺度得点を比較した結果です（統計処理は2要因分散分析を使用しました。以下,同様です）。実施学級は対照学級に比べ有意に下降していることがわかります（$F(1, 57) = 52.78, p < .001$）。

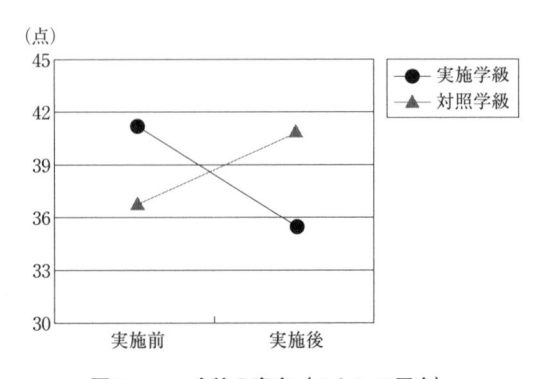

図3-12　生徒の変容（ストレス反応）

このことは，対照学級では，中学校に入学して複雑な人間関係や学業などでストレス反応が上昇したのに対して，実施学級では，ロールレタリングで他者に対してそれまで抑えてきた感情を相手の眼にふれず，相手からの反論もなく思いっきり訴えることで，気持ちが楽になると同時に，カタルシス作用がはたらいてストレス反応が有意に下降したものと考えられます。

　図3-13は，自尊感情尺度得点のデータを比較した結果です。実施学級は対照学級に比べ有意に上昇していることがわかります（$F(1, 57) = 38.33, p < .001$）。

　このことは，対照学級では，中学校入学後，友人関係や学業成績，学級・学校への適応などが思うように実現できなかったことで自尊感情が下降したのに対して，実施学級では，ロールレタリングで身近な存在である両親，教師，友人などの「大切な他者」が自分を受容してくれていると認識したり，さらに自分自身の成長を実感したりすることで，自尊感情が上昇したと考えられます。

　図3-14は，共感性尺度得点のデータを比較した結果です。実施学級は対照学級に比べ有意に上昇していることがわかります（$F(1, 57) = 18.99, p < .001$）。

　このことは，実施学級では，自分と他者と両方の立場に立って役割交換をしながら，他者のさまざまな感情や気持ちを認知・推測し，理解していくことを繰り返す中で共感性が上昇したと考えられます。

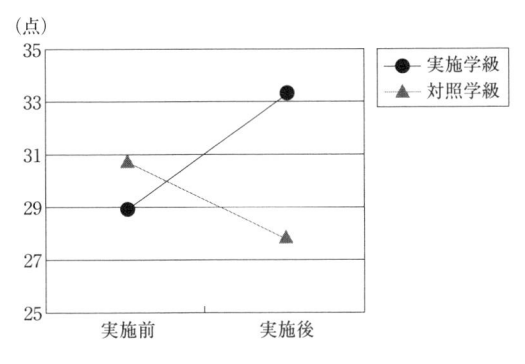

図3-13　生徒の変容（自尊感情）

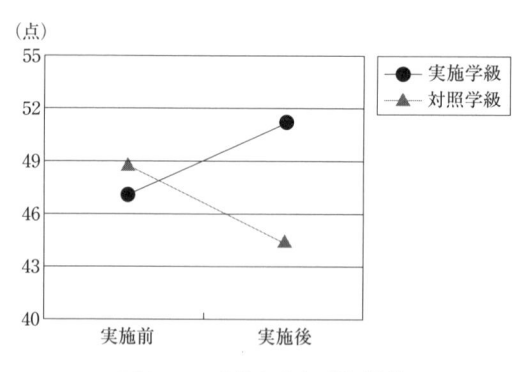

図3-14　生徒の変容（共感性）

　以上のことから，学級経営にロールレタリングを生かしたことで，生徒のメンタルヘルスが促進されていることがわかりました。

②テーマの工夫について

　図3-15は，実施学級の生徒35名による各段階のロールレタリング実施後の内省報告をまとめたものです。各段階の内省を「ストレスの軽減（精神的・身体的な気づき）」「自尊感情の高揚（自己への気づき）」「共感性の向上（他者への気づき）」「その他」の4つのカテゴリーに分類しました。
　ストレスを発散する段階では，「ストレスの軽減（精神的・身体的な気づき）」が68.6％，自分を価値あるものととらえる段階では，「自尊感情の高揚（自己への気づき）」が57.1％，他者の気持ちをくみとる段階では，「共感性の向上（他者への気づき）」が62.9％とそれぞれ高い数値を示しました。このことから，生徒が学級経営の段階に応じたロールレタリングのテーマに取り組んでいくことで，段階ごとでの気づきを生じ，メンタルヘルスを促進していることがうかがえます。このように，テーマを工夫することによって，生徒のよりさまざまな気づきをうながすことができると思います。

・ ロールレタリングをやってみよう！ 第3章

凡例:
- ■ ストレスの軽減
- ■ 自尊感情の高揚
- □ 共感性の向上
- □ その他

ストレスを発散する

68.6%
- ストレスが解消できた(16)
- 嫌なことを書きスッキリした(4)
- 気が楽になった(2)
- 気持ちが落ち着いた(2)

5.7%
- 落ち込まなくなった(1)
- 自分の悪いところがわかった(1)

11.4%
- 相手に対する考えが変わった(2)
- 相手のことを考えるようになった(2)

14.3%
- 好きなことを書けるから楽しい(3)
- 効果があるかわからないがまたしたい(2)

自分を価値あるものととらえる

14.3%
- 気持ちが落ち着いた(2)
- 元気が出てきた(2)
- くよくよしなくなった(1)

57.1%
- 考え方が前向きになった(5)
- 自信がもてるようになった(4)
- 自分の成長がわかった(4)
- 見方が変わり積極的になった(3)
- もっと勉強しようと思った(2)
- 他に惑わされなくなった(1)
- チャレンジ精神が出てきた(1)

8.6%
- 親の愛情がわかった(2)
- 先生や親のいうことが何となくわかった(1)

20.0%
- スラスラ書けた(2)
- 楽しかった(2)
- 面倒だった(2)
- 小学校時代が懐かしかった(1)

他者の気持ちをくみとる

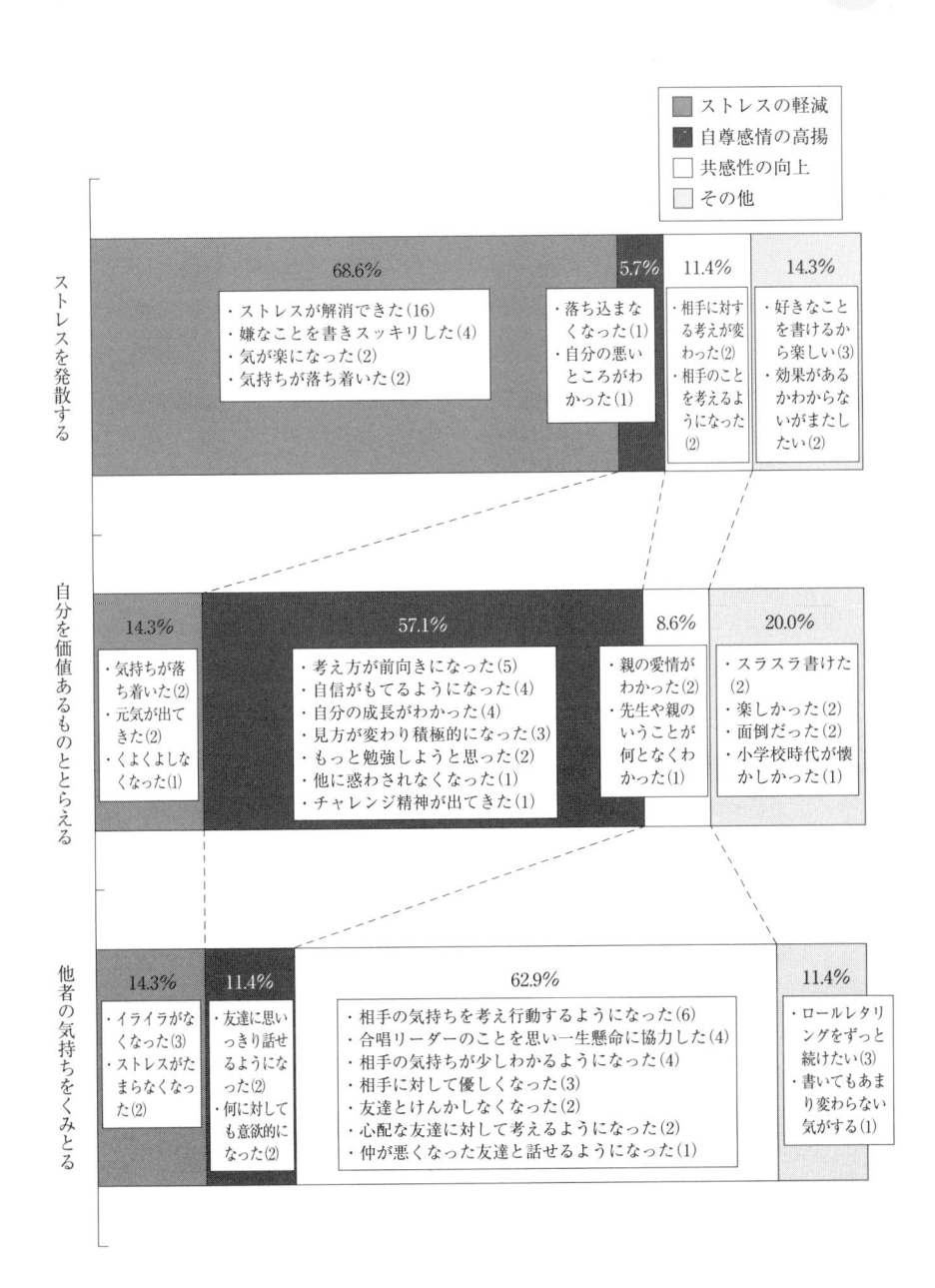

14.3%
- イライラがなくなった(3)
- ストレスがたまらなくなった(2)

11.4%
- 友達に思いっきり話せるようになった(2)
- 何に対しても意欲的になった(2)

62.9%
- 相手の気持ちを考え行動するようになった(6)
- 合唱リーダーのことを思い一生懸命に協力した(4)
- 相手の気持ちが少しわかるようになった(4)
- 相手に対して優しくなった(3)
- 友達とけんかしなくなった(2)
- 心配な友達に対して考えるようになった(2)
- 仲が悪くなった友達と話せるようになった(1)

11.4%
- ロールレタリングをずっと続けたい(3)
- 書いてもあまり変わらない気がする(1)

図3-15　ロールレタリング実施後の内省報告の分類（$N=35$）

> 段階ごとの効果がよくわかります。

③支援形態の工夫について

図3-16は,教師自作アンケートで,各段階のロールレタリング後の支援形態についての感想を聞いた結果です。生徒が各段階の支援形態に対する満足度を「かなりよかった」「だいたいよかった」「あまりよくなかった」「ぜんぜんよくなかった」の4件法(最高値4)で答えました。「個別支援は役立ちましたか」という問いでは,「かなり・だいたいよかった」と答えた生徒が94.3%,「グループ支援は役立ちましたか」という問いでは,「かなり・だいたいよかった」と答えた生徒が82.9%,「集団支援は役立ちましたか」という問いでは,「かなり・だいたいよかった」と答えた生徒が80%と,ほとんどの生徒が肯定的な回答を示していました。

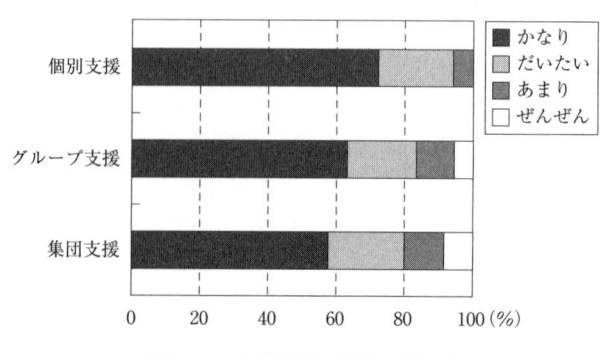

図3-16 支援形態に対する満足度

また，資料3-7は，生徒のロールレタリング実施後の内省報告です。生徒がロールレタリング後の支援の形態にそって気づきを深め，メンタルヘルスを促進している様子がうかがえます。このように，学級経営の段階に応じて支援のしかたを工夫すると，よりロールレタリングの効果を高められると思います。

> 最初に先生にローレ後、自分の気持ちを尋ねられた時、あらためて自分がイライラしているんだなあということに気づきました。また、ローレ後、グループで話し合った時、みんな同じような考えを持ってたんだなあと思ったし、違う考え方にも気づきました。そして、ローレの内容を実際するのは難しいけど、合唱練習の時にやってみたら友達とうまくいきました。

資料3-7　ロールレタリング実施後の生徒の感想

ロールレタリングの成果

- 学級経営の段階に応じて，ロールレタリングのテーマを日常生活，学校生活，学校行事などに意図的・計画的に関連させたことで，段階に応じたさまざまな気づきが生徒に生じた。その結果，生徒がメンタルヘルスを促進して学級や学校生活に主体的に適応できるようになった。
- ロールレタリング後に，学級経営の段階に応じた個別支援，グループ支援，集団支援という機会を設けたことで，生徒がより気づきを深め，自己の内面をとらえながら問題解決できるようになった。

今後の課題

- ピア・サポート（ロールプレイングなどを行って，仲間どうしの支えあいを身につける方法）やグループ・エンカウンター（グループで本音を表現しあい，それをお互いに認めあう体験方法）などの他の心理技法との関連。
- 学校不適応生徒へのロールレタリングによるアプローチ。

その2
ロールレタリングで保健室登校生徒にアプローチ

　保健室登校とは，文部省（当時）によると，「常時保健室にいるか，特定の授業には出席できても学校にいる間は，主として保健室にいる状態」と定義されています。すなわち，保健室登校生徒とは，教室内でストレス因に遭遇したために，腹痛，頭痛，胸痛，過呼吸，喘息などの身体症状を発現し，その救済を求めて保健室に来訪してくる生徒ととらえることができます。このような心の問題から身体の健康問題を起こす生徒は，近年増加しており，保健室は心の悩みを抱える児童生徒たちの「駆け込み寺」となっているようです。
　そこで，この保健室登校の児童生徒にロールレタリングを実施して，生徒がストレスを発散できるようにするとともに，生徒が自分自身への気づきから自我の向上を図っていけるようにすることが教室登校への足がかりとなると考え，保健室登校生徒を対象に個別的アプローチを行うことにしました。

1 保健室登校生徒Ａ男の実態

　Ａ男は，12歳の中学校１年生の男子生徒です。頑固な面を持ち，身体状況は良好ですが，精神的には不安定で，イライラしたときや不安を感じたときに起こる腹痛や頭痛で悩まされていました。そのようなときには妹にあたったり，壁などのモノを叩いたり蹴ったりすることもありました。まわりの言うことに素直に従うことはなく，わざと指示に反発する傾向も見られました。また，仲間とかかわっていくことが苦手であり，めんどうだという思いが感じられました。

> ストレスや不安が原因で，体に不調をきたすことはよくあることです。

　Ａ男は，両親，祖父母から大切に育てられ，幼少の頃から習い事をしていました。習い事は，水泳（３歳～小６），オルガン（幼稚園），サッカー（小１～小６），習字（小３～小５）と数多く行ってきていました。

　保健室登校は，中学校１年生の５月下旬より始まり，入学式の翌日からそれまでは，家に閉じこもっていました。６月下旬からは，午前中のみの登校で，得意な数学やサッカーがある体育の授業や学校行事には参加していました。

　図３-17は，ロールレタリング実施前のＡ男のエゴグラムです。典型的な「Ｖ型ＴＥＧ」で，ＣＰが高いことで，批判力，不満は十分に持っているにもかかわらず，高いＡＣによって周囲の顔色をうかがってしまい，思うように自己主張ができないでいると考えられます。そしてその抑圧されたエネルギーが，Ａ男の腹痛や頭痛に現れているものと思われます。

　行動観察からは，Ａ男が他者の言うことに素直に従うことはなく，思っていても逆の行動をとる傾向があります。また，同学年の集団とうまくコミュニケ

ーションをとることが苦手です。このことは，幼少の頃，習い事が多すぎたために，同年代の子どもたちと遊んだりつきあったりするギャングエイジ（子どもが成長する過程で，小学校高学年の頃に集団で遊びやいたずらをする時期）の体験が不足している可能性があることも影響しているかもしれません。

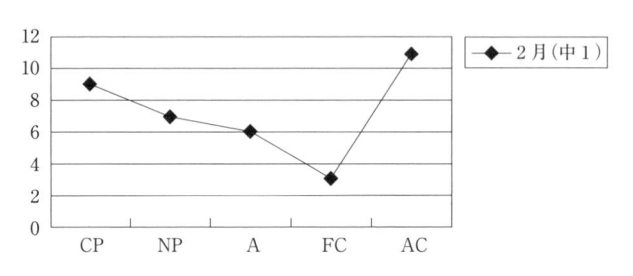

図3-17　ロールレタリング実施前のA男のエゴグラム

> CPは"批判的な親の自我状態"で，ACは"順応した子どもの自我状態"でしたね。

2 個別的アプローチの工夫

　保健室登校生徒（A男）に，以下のような3段階に分けたロールレタリングによるアプローチを行いました。段階を分けることによってねらいを明確にし，それにあわせてテーマなどの工夫も試みました。

　　アプローチ1：書くことに慣れる段階
　　アプローチ2：ストレスを発散する段階
　　アプローチ3：自我の向上の段階

(1) アプローチ1：書くことに慣れる段階

アプローチ1では，A男がロールレタリングを「書く」ことに慣れることをねらいとしました。

そこでまず，ロールレタリングのテーマをA男が取り組みやすいものから始めるようにし，A男が希望したものを設定するようにしました。そして，最初の4回は「私」から「相手」への一方通行の手紙を書くという設定にし，A男が進んでロールレタリングに取り組めるようにしました。

次に，5回目以降は教師側からテーマを提示するようにしました。なお，ロールレタリング実施にあたっては，生徒指導主事（筆者）がA男に，ロールレタリングの目的（ストレスの発散）や方法（①何を書いても自由，②誰にも見せない，③ノートは箱に鍵をかけて保管）を説明しました。

(2) アプローチ2：ストレスを発散する段階

アプローチ2では，A男がストレスを発散できるようにすることをねらいとしました。

そこでまず，教師がテーマを提示するとき以外でも，A男が「心のノート」（ロールレタリングノートのこと。文部科学省が道徳の『心のノート』を発表する前であったため）を自由に書けるようにしました。

次に，A男が「心のノート」を自発的に書いたときに，その後の気持ちなどを共感的に聴くようにしました。

(3) アプローチ3：自我の向上の段階

アプローチ3では，自我の向上を図れるようにすることをねらいとしました。

そこでまず，自分自身を振り返れるようなテーマを設定するとともに，学校掲示作製や草取りなどの作業療法と関連させながら，A男が自立心や抵抗力を養えるようにしました。

次に，この頃からA男と担任とのかかわりあいを高めていくようにし，ラポールを形成するように心がけました。

3 いざ実践！

(1) アプローチ1：書くことに慣れる段階

```
2月1日 ……………………第1回エゴグラム実施
2月2日（1回目）……「私 → 先生への手紙」
2月3日（2回目）……「私 → とんでもないのどの痛みへの手紙」
2月6日（3回目）……「私 → お父さん，お母さんへの手紙」
2月9日（4回目）……「私 → B男君への手紙」
2月14日（5回目）……「私 → お父さん，お母さんへの手紙」
2月17日（6回目）……「お父さん，お母さん → 私への手紙」
2月20日（7回目）……「私 → モノ（壁）への手紙」
2月23日（8回目）……「モノ（壁） → 私への手紙」
2月26日（9回目）……「私 → 生徒指導（サッカー部の顧問）の先生への手紙」
2月28日（10回目）……「生徒指導（サッカー部の顧問）の先生 → 私への手紙」
3月5日（11回目）……「私 → クラスのみんなへの手紙」
3月8日（12回目）……「クラスのみんな → 私への手紙」
3月12日（13回目）……「私 → 養護の先生への手紙」
3月14日（14回目）……「養護の先生 → 私への手紙」
3月17日（15回目）……「私 → お父さんへの手紙」
3月19日（16回目）……「お父さん → 私への手紙」
3月21日（17回目）……「私 → 学年の先生への手紙」
3月23日（18回目）……「学年の先生 → 私への手紙」
```

アプローチ1では，まず，ロールレタリングのテーマを「私 → 先生への手紙」「私 → とんでもないのどの痛みへの手紙」などA男が希望したものを設定しました。最初の4回は，「私 → ○○○への手紙」というように「私」から「相手」への一方通行の手紙を書く設定で，A男が進んでロールレタリングに取り組めるようにしました。その際，A男の性格傾向を考慮し，「このノートはむずかしいから書けるかな」というような問いかけを行い，A男の気持ちがノートに向かうようにはたらきかけました。

次に，5回目以降は教師側がテーマを提示し，5回目，6回目からは，「私

→ お父さん，お母さんへの手紙」「お父さん，お母さん → 私への手紙」というように往復書簡による通常のロールレタリングを実施しました。次に，A男の母親が以前に「A男は家庭で気に入らないことやイライラしたことがあったときは，壁などのモノを叩いたり蹴ったりする」と学級担任に相談していたことをふまえ，7回目，8回目のロールレタリングは，「私 → モノへの手紙」「モノ → 私への手紙」というテーマで行いました。アプローチ1では，計18通の手紙を書きました。

ノートに「心のノート」とA男と一緒に名前をつけ，鍵のかかるケースの中に入れ，保健室の棚の中に保管するようにしました。また，鍵はA男と養護教諭がそれぞれ所持するようにしました。

(2) アプローチ2：ストレスを発散させる段階

```
4月10日 (19回目) ……「私 → 頭の痛みへの手紙」(自発的に)
4月17日 (20回目) ……「2年生になった私 → お母さんへの手紙」
4月18日 (21回目) ……「お母さん → 2年生になった私への手紙」
4月18日 (22回目) ……「私 → 歓迎遠足への手紙」(自発的に)
4月19日 (23回目) ……「2年生になった私 → お父さんへの手紙」
4月20日 (24回目) ……「お父さん → 2年生になった私への手紙」
4月21日 (25回目) ……「2年生になった私 → 生徒指導の先生への手紙」
4月21日 (26回目) ……「生徒指導の先生 → 2年生になった私への手紙」
4月23日 (27回目) ……「2年生になった私 → 養護の先生への手紙」
4月24日 (28回目) ……「養護の先生 → 2年生になった私への手紙」
4月24日 (29回目) ……「2年生になった私 → 担任の先生への手紙」(自発的に)
4月25日 (30回目) ……「私 → おじいちゃんへの手紙」
4月26日 (31回目) ……「おじいちゃん → 私への手紙」
4月26日 (32回目) ……「担任の先生 → 私への手紙」(自発的に)
4月27日 (33回目) ……「私 → おばあちゃんへの手紙」(自発的に)
5月7日 (34回目) ……「私 → おじいちゃんへの手紙」(自発的に)
5月22日 (35回目) ……「私 → 生徒指導の先生への手紙」(自発的に)
5月23日 (36回目) ……「生徒指導の先生 → 私への手紙」(自発的に)
5月30日 (37回目) ……「私 → お母さんへの手紙」
```

6月2日（38回目）……「お母さん → 私への手紙」
6月2日（39回目）……「私 → お父さんへの手紙」
6月2日（40回目）……「お父さん → 私への手紙」
6月15日（41回目）……「先生 → 私への手紙」（自発的に）
6月15日（42回目）……「私 → 先生への手紙」（自発的に）
6月20日（43回目）……「私 → 職場体験の方への手紙」
6月20日（44回目）……「職場体験の方 → 私への手紙」
6月21日 ………………第2回エゴグラム実施
6月22日 ………………アプローチ2後のロールレタリングの感想

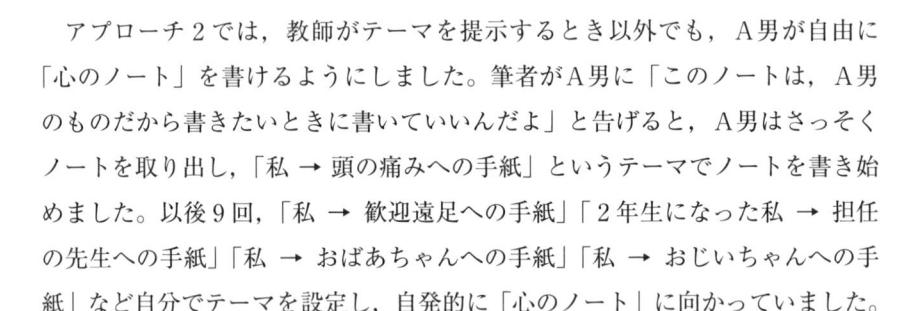

　アプローチ2では，教師がテーマを提示するとき以外でも，A男が自由に「心のノート」を書けるようにしました。筆者がA男に「このノートは，A男のものだから書きたいときに書いていいんだよ」と告げると，A男はさっそくノートを取り出し，「私 → 頭の痛みへの手紙」というテーマでノートを書き始めました。以後9回，「私 → 歓迎遠足への手紙」「2年生になった私 → 担任の先生への手紙」「私 → おばあちゃんへの手紙」「私 → おじいちゃんへの手紙」など自分でテーマを設定し，自発的に「心のノート」に向かっていました。

> 生徒に鍵を預け，いつでも好きなときに書けるローレというのは，個人アプローチならでは，です。

(3) アプローチ3：自我の向上の段階

> 6月25日（45回目）……「私 → 小学校時代の私への手紙」
> 6月26日（46回目）……「小学校時代の私 → 私への手紙」
> 6月27日（47回目）……「担任の先生 → 私への手紙」（自発的に）
> 6月27日（48回目）……「私 → 担任の先生への手紙」（自発的に）
> 6月29日（49回目）……「私 → 小学校時代のお父さん，お母さんへの手紙」
> 6月30日（50回目）……「小学校時代のお父さん，お母さん → 私への手紙」
> 7月2日（51回目）……「私 → 学校掲示を作製した私への手紙」
> 7月5日（52回目）……「学校掲示を作製した私 → 私への手紙」
> 7月10日（53回目）……「私 → 草取りをした花壇の花への手紙」
> 7月11日（54回目）……「草取りをした花壇の花 → 私への手紙」
> 7月13日（55回目）……「私 → 担任の先生への手紙」
> 7月16日（56回目）……「担任の先生 → 私への手紙」
> 7月19日（57回目）……「私 → 山を登る前の私への手紙」
> 7月20日（58回目）……「山を登る前の私 → 私への手紙」
> 7月21日 ……………………第3回エゴグラム実施
> 7月21日 ……………………アプローチ3後のロールレタリングの感想

アプローチ3では，A男が自己を見つめられるように，これまでの自分自身を振り返る機会をつくることをねらいとしました。45回目，46回目のロールレタリングのテーマを「私 → 小学校時代の私への手紙」「小学校時代の私 → 私への手紙」とし，49回目，50回目では「私 → 小学校時代のお父さん，お母さんへの手紙」「小学校時代のお父さん，お母さん → 私への手紙」というテーマで実施しました。

また，担任教師と学校掲示を作製したり，花壇の草取りをしたりして，A男と担任教師の間にラポールが形成されるようにしました。そして，51回目，52回目では，「私 → 学校掲示を作製した私への手紙」「学校掲示を作製した私 → 私への手紙」，53回目，54回目では，「私 → 草取りをした花壇の花への手紙」「草取りをした花壇の花 → 私への手紙」というように，作業療法とロールレタリングを関連させました。

4 結果の考察

(1)「書くことに慣れる」はどうだったか

　資料3-8は，A男の1回目のロールレタリングです。A男が希望した「私→先生への手紙」というテーマで行ったため，ノートを渡すとすぐに筆記具を取り出して書き始めました。ノートに向かっている途中のA男は，教師に対

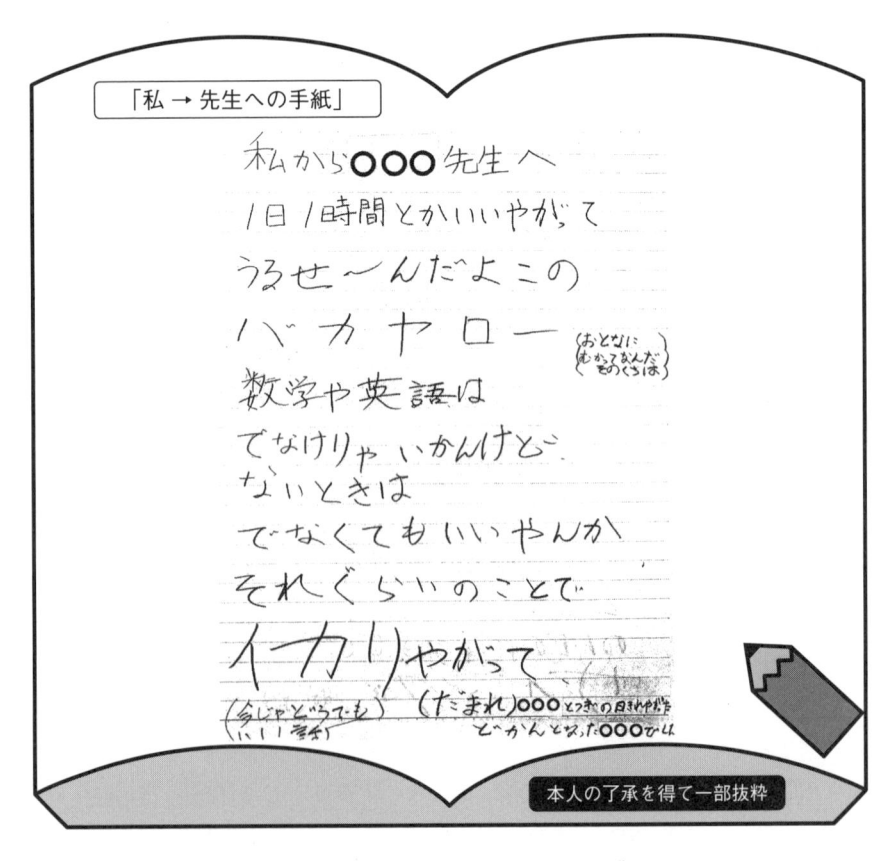

「私→先生への手紙」

私から〇〇〇先生へ
1日1時間とかいいやがって
うるせ〜んだよこの
バカヤロー（おとなにむかってなんだものくちは）
数学や英語は
でなけりゃいかんけど
ないときは
でなくてもいいやんか
それぐらいのことで
イカリやがって
（今じゃどうでもいい事を）（だまれ）〇〇〇とつきの月もやばそでかんとなった〇〇〇では

本人の了承を得て一部抜粋

資料3-8　1回目のロールレタリング

する不満を言葉に出しながら書いていました。ノートの内容も自分の感情を思いっきり表現していることがわかります。以後3回，「私 → ○○○への手紙」という一方的な形式で，書きたい人に書けるように自分でテーマを考えさせたので，A男は楽しくロールレタリングに向かっていました。また，A男は「このノートはおもしろい」という感想を述べており，アプローチ1の段階で，ロールレタリングを「書く」ことに慣れてきたと思われます。

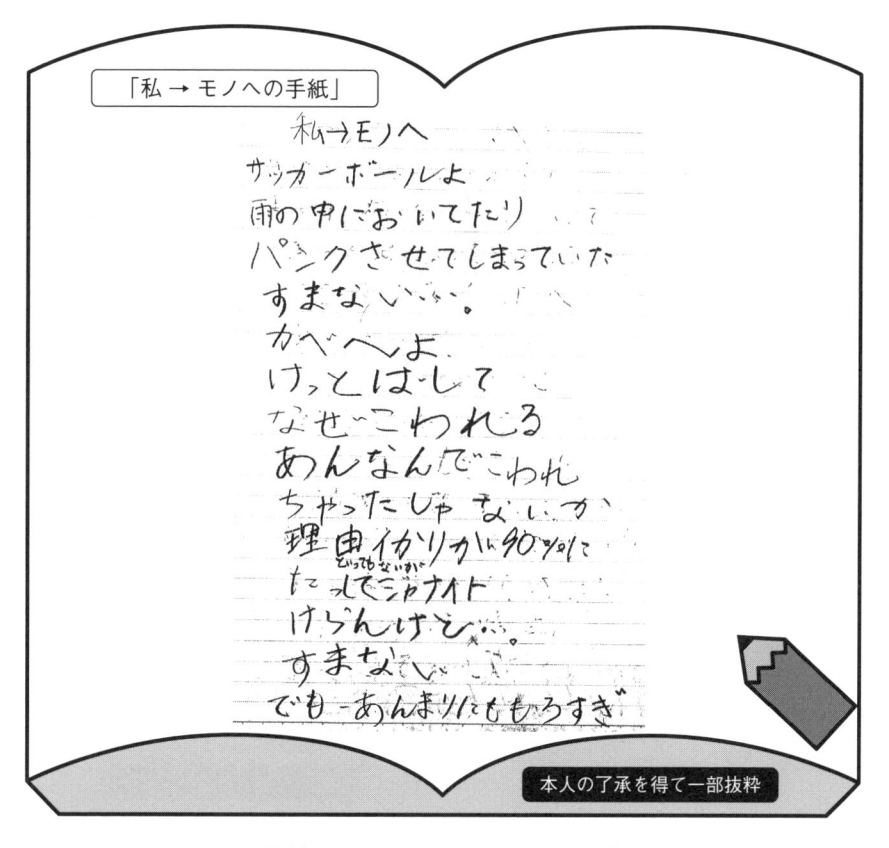

「私 → モノへの手紙」

私→モノへ
サッカーボールよ
雨の中においてたり
パンクさせてしまっていた
すまない。
カベへよ．
けっとばして
なぜこわれる
あんなんでこわれ
ちゃったじゃないか
理由イカリが90%に
たってじゃナイト
けらんけど．
すまない．
でも あんまりにもおもろすぎ

本人の了承を得て一部抜粋

資料3-9 7回目のロールレタリング

資料3-9，3-10は，前述のように，母親が「A男はイライラしたときに壁やモノにあたって心配です」ということを以前担任に相談していたので，ロールレタリングが進んだ段階，7回目，8回目に，「私 → モノへの手紙」「モノ → 私への手紙」というテーマでロールレタリングを実施したものです。「私 → モノへの手紙」では，A男は，命のないサッカーボールや壁などのモノに対して問いかけ，自分が行った行為を謝罪していることがわかります。「モノ

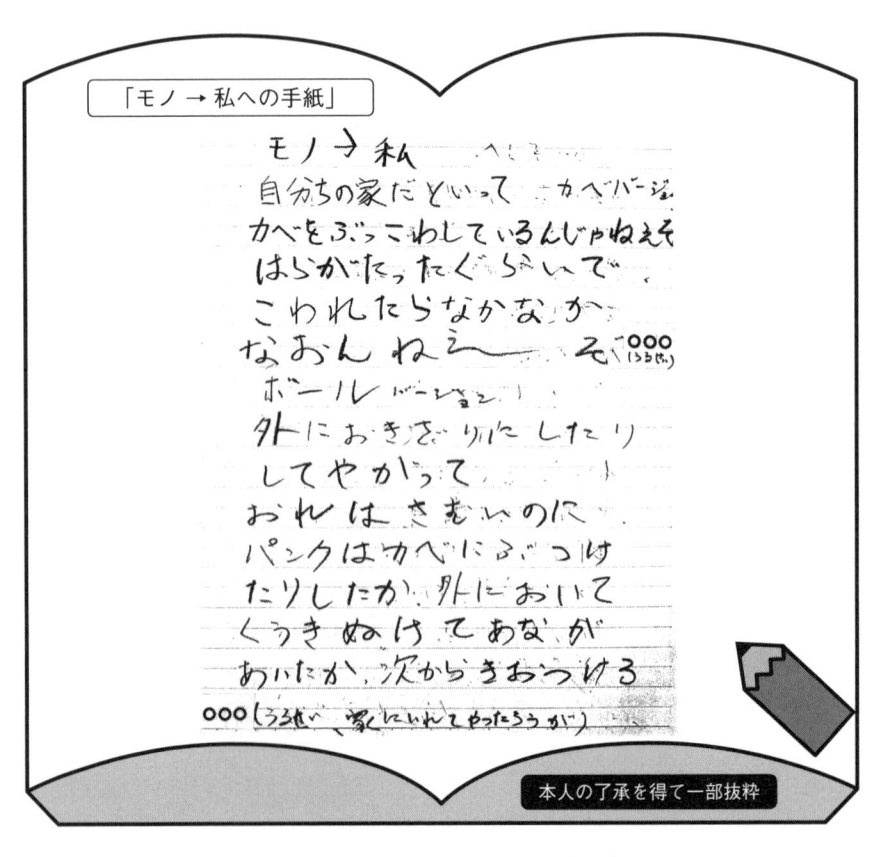

「モノ → 私への手紙」

モノ → 私へ
自分ちの家だといって　カベバージ
カベをぶっこわしているんじゃねえぞ
はらがたったぐらいで，
こわれたらなかなか
なおんねえ　そ○○○
　　　　　　　　　（うるせい）
ボールになると
外におきざりにしたり
してやがって
おれはさむいのに
パンクはカベにぶつけ
たりしたり，外において
くうきぬけてあなが
あいたか，次からきおつける
○○○（うるせい，家にいれてやったろうが）

本人の了承を得て一部抜粋

資料3-10　8回目のロールレタリング

→ 私への手紙」では，モノの立場に立ってA男自身に訴えており，括弧書きで反論するなどモノと対話する姿が見られました。このことから，モノという物性に対しても感情移入的理解を深めることができ，感性が育っていくことを期待できます。

> モノの気持ちになって書くということは，モノを大事にする気持ちにつながりますね。

(2)「ストレスを発散させる」はどうだったか

　アプローチ2では，A男がいつでも，誰にでも宛ててよいとするロールレタリングを自由に実施できるようにしました。資料3-11は，A男が自由に行った19回目のロールレタリングです。「私 → 頭の痛みへの手紙」というテーマで，父母からささいなことで注意され，そのストレスからくると思われる頭の痛みについてのもどかしさやいらだちを表現していることがよくわかります。

　資料3-12，資料3-13は，A男が学年行事を休んだことを教師から厳しく注意を受けたあと，すぐにノートを取り出して，41回目，42回目のロールレタリングを自ら実施したものです。「先生 → 私への手紙」「私 → 先生への手紙」というテーマで，「イカリバクハツノート」とA男自らが命名して，思いのままノートに訴え，ストレスを発散していました。ノートを書き終えたあと，A男は，養護教諭に「あ～なんかスッキリした」と述べ，すがすがしい表情を見せていました。このようにしてA男は，自発的にロールレタリングを10回行いました。

「私→頭の痛みへの手紙」

　私→頭のいたみへ
おい…
なぜおれが
頭いたくならな
あかんのか…。
いちいち
頭いたくなると
イライラするねん。
頭いたいと
なにも
できねえやんけ
だいたい病気が
ムカツクんやで、
ちょうしくずしやがる
サッサと直りやがれ…。○○○

本人の了承を得て一部抜粋

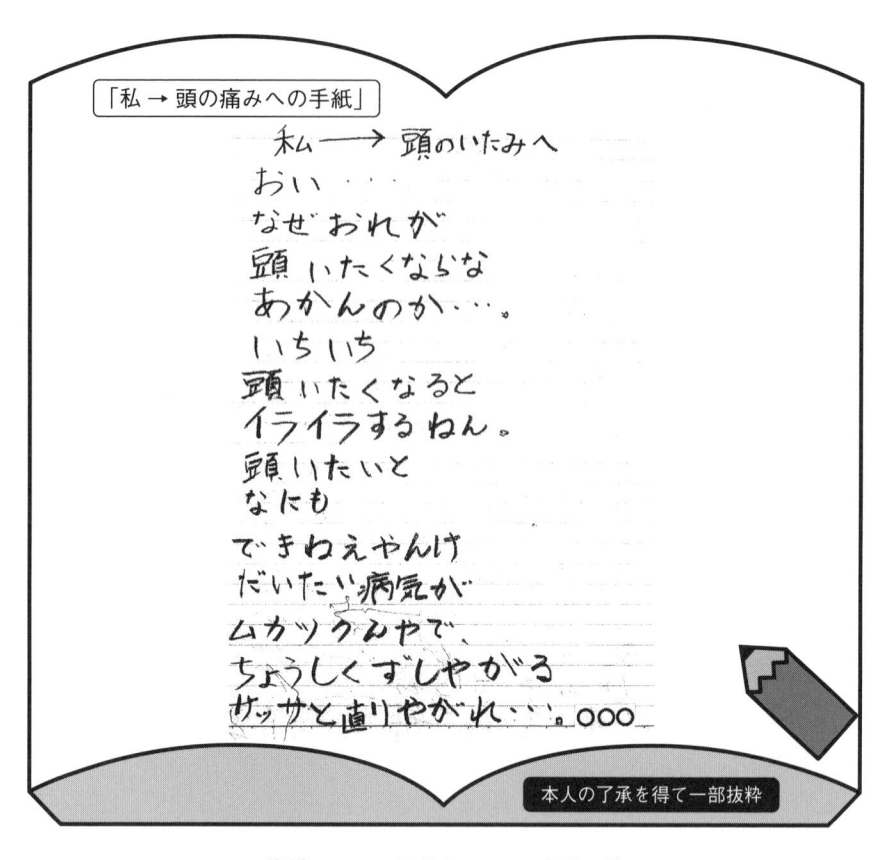

資料3-11　19回目のロールレタリング

> ストレスからくる頭痛に苦しむA男の気持ちがストレートに伝わってきます。

「先生 → 私への手紙」

> イカリのノート 第？ ひかくてきついたもの。
> だからったことはないと
> いをいっくって
>
> ○○○ → 私へ
> お前、きのうは
> なんしよったとか。
> トイレにとじこもっとったとかいう話を
> お母さんに聞いたぞ。
> お母さんないとったやないか。（それがどうした）
> 職場の人たちにも
> めいわくしとった、
> なにかんがえとうとか、（べつに）
> あやまりにいけ。○○○君は
> あやまるそうだぞ。（あっそう、それはそうとして）
> お前もあやまれ。（理由は）（めいわくかけてるからだ）（そいつといっしょにすんな ケッ）（なんで）（せんせい）
> それとこんどからうろうろするな。
> 授業もムリヤリでもつれてってやるからな
> くろかわとちらかの先生くるからな

本人の了承を得て一部抜粋

資料 3-12　41回目のロールレタリング

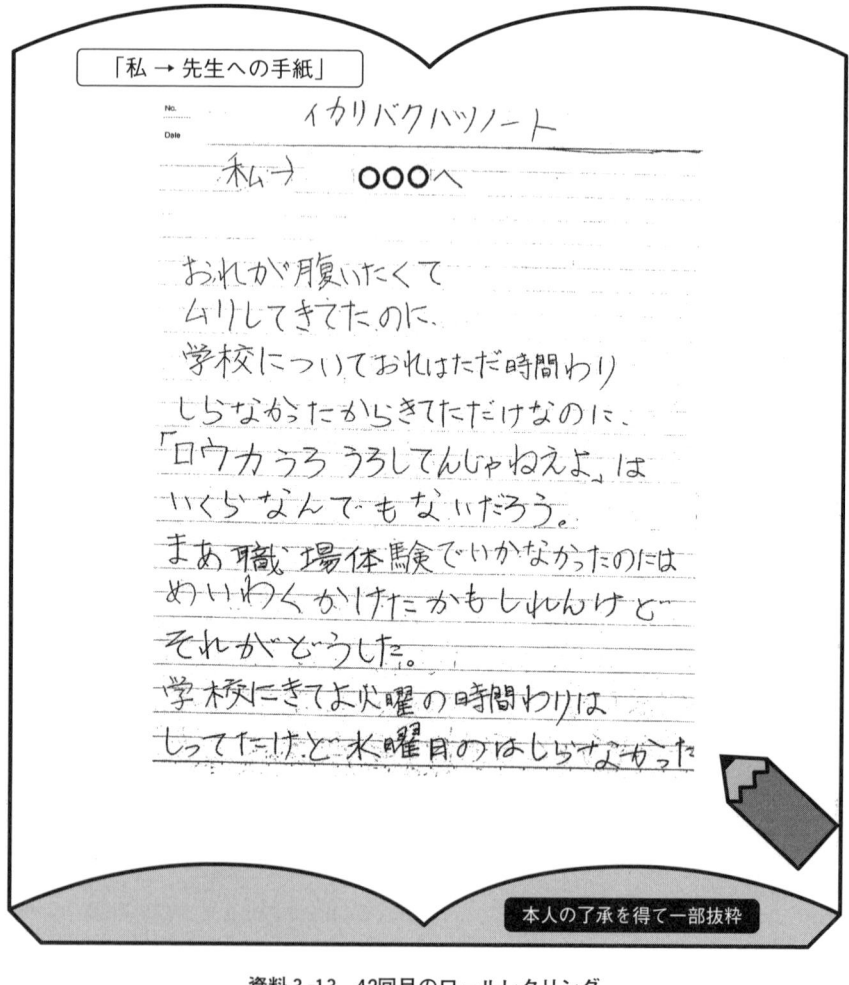

> 「私→先生への手紙」
>
> イカリバクハツノート
>
> 私→　○○○へ
>
> おれが腹いたくて
> ムリしてきてたのに、
> 学校についておれはただ時間わり
> しらなかったからきてただけなのに、
> 「ロウカ うろうろしてんじゃねえよ」は
> いくらなんでもないだろう。
> まあ職場体験でいかなかったのには
> めいわくかけたかもしれんけど
> それがどうした。
> 学校にきてよ火曜の時間わりは
> しってたけど水曜日のはしらなかった
>
> 本人の了承を得て一部抜粋

資料3-13　42回目のロールレタリング

　アプローチ2の段階でA男は，このようにしてロールレタリングでストレスの発散方法を探し出したことがうかがえます。ノートは，A男にとってなくてはならないものとなり，「心のノート」は2冊になりました。

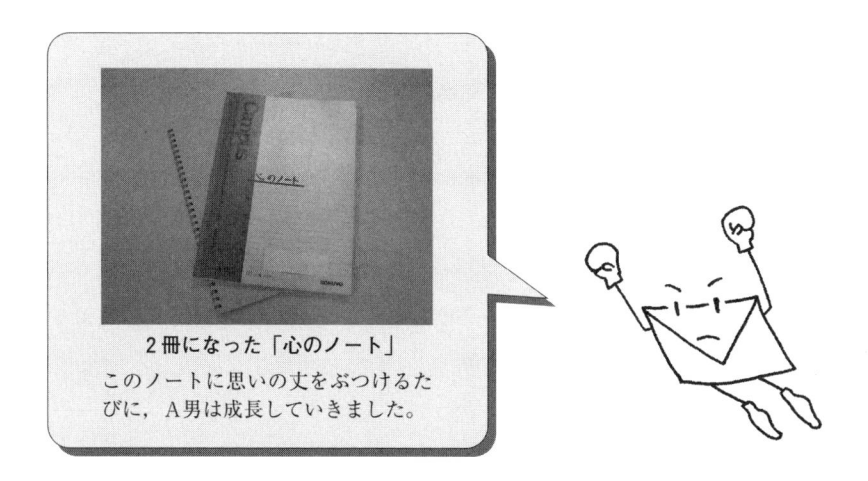

2冊になった「心のノート」
このノートに思いの丈をぶつけるたびに，A男は成長していきました。

(3)「自我を向上させる」はどうだったか

　アプローチ3では，A男が自我の向上を図れるようにしました。資料3-14は，46回目の「小学校時代の私 → 私への手紙」というテーマでロールレタリングを実施したものです。

　また，資料3-15は，50回目の「小学校時代のお父さん，お母さん → 私への手紙」というテーマでロールレタリングを実施したものです。「小学校時代の私 → 私への手紙」では，いまの自分に対して叱咤激励するような言葉かけを行っていることがわかります。それに対して，括弧書きで「うるさい，だまれ」とか「おい，だいたい先生の言いなりになってどうする」というようにA男自身が自己内対決を行っている様子がうかがえます。「小学校時代のお父さん，お母さん → 私への手紙」では，A男は小学校時代の父になりきって，A男自身から苦労をかけさせられたことをつづっています。また，自分に対して「たいへんやったかねぇ」などと自分自身に気づかっているところも見られました。この手紙にも括弧書きで，「まぁ，いまのほうがくろうさせてるけど」というように，相手の立場になって考え，そのことと対話していくことで自己洞察が深まっていっていることがわかります。

　この頃から，A男は教室にも少しずつ顔を出すようになり，現在の保健室登

「小学校時代の私 → 私への手紙」

小学校時代の私 → 私へ
おい、おい、
ちゃんと
教室いけ（うるさい、だまれ）
ちゃんと
授業うけてこんかー。（うるさい）
小学校の時は
まじめに
授業とかしてたんだから
それぐらいできるだろうが（あーできるよ）
できるのならちゃってい。
それに やれと
いわれたこと
ちゃんとやれ（おい、だいたい外学とかのいいなりになってどうする）
こわいんだろ（うるせえ）
そうなんだよ（だま、とけ）
あ～（ほこすぞてめぇ）
ぼうりょく反対（カチーン）（ズバッ）ゥワー

本人の了承を得て一部抜粋

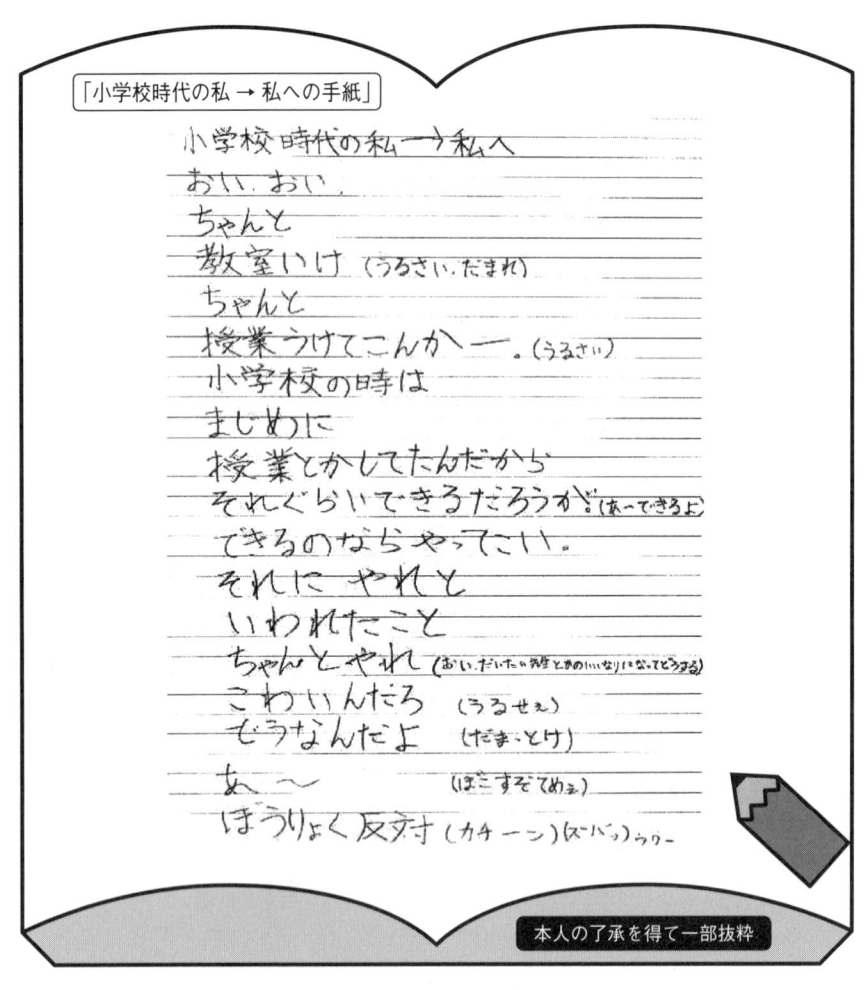

資料3-14　46回目のロールレタリング

校の自分と向きあうようになってきました。その後，「私 → 学校掲示を作製した私への手紙」「学校掲示を作製した私 → 私への手紙」などの作業療法とロールレタリングを関連させていくことで，自我の向上が図られ，9月からは教室復帰を果たしました。

ロールレタリングをやってみよう！ 第3章

> 「小学校時代の親 → 私への手紙」
>
> 私が小学校のときのお父さん、お母さん
> → 小学校時代の私へ
> お前は
> サッカー
> プール
> 習字 といちばん
> くろうさせられた。
> 試合とかあって
> 大分、山口、かごしま、
> とかいって
> いちばん
> くろうさせたやつ
> [まあ、いまのほうがくろうさせてるけど]
> 小学校の中は
> 6年のときたいへん
> やったかね。
>
> たまに、最初の
> うちは遊びに
> たくさんつれてって
> たけど
> それからは
> あまり
> いってないなぁ
> 週に
> キッチリ
> 月火水木 ときどき日
> サッカー
> 習字
> プールといって
> まあ
> きつかったなぁ私も
> でも
> 今のほうがきつい

本人の了承を得て一部抜粋

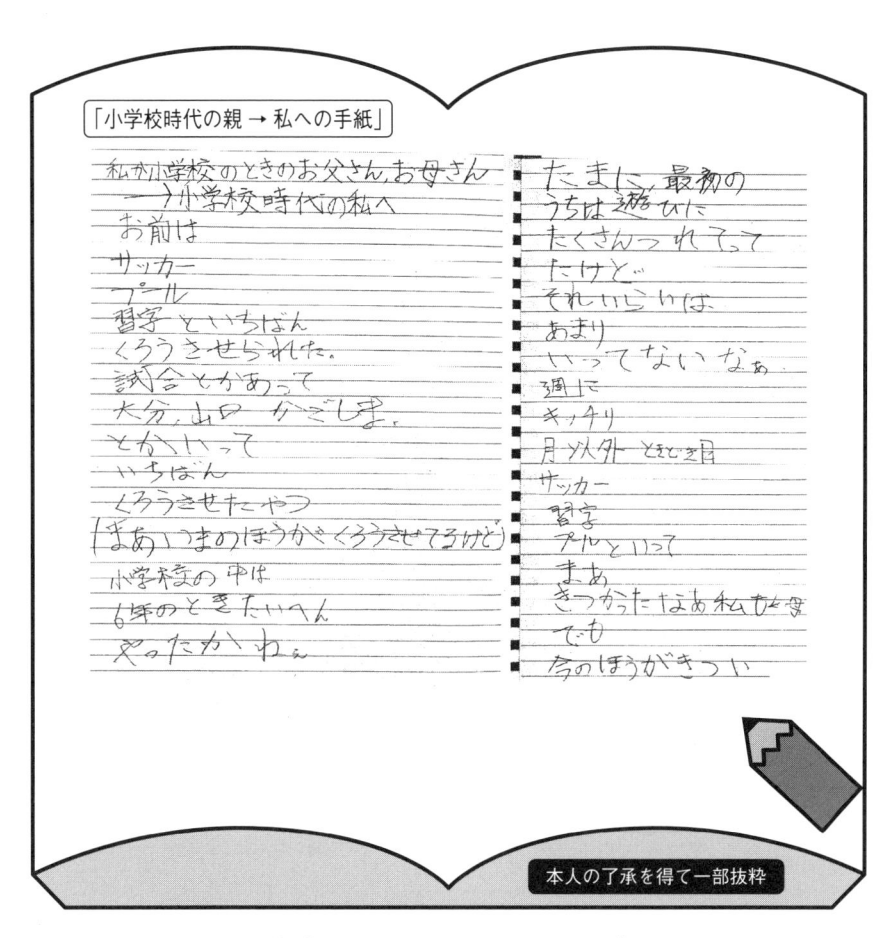

資料3-15　50回目のロールレタリング

5 全体を振り返って

(1) エゴグラムの変容から

　図3-18は、アプローチ3後のA男のエゴグラムの変容です。ロールレタリング実施前に比べ、AとFCの数値が上がり、ACが下がっていることがわかります。このことは、ロールレタリングでA男が自己主張することができるよ

うになり，子どもらしい伸び伸びとした態度が育ち，FCが高まったためと考えられます。またそのことにより，A男は教師や両親への顔色うかがいなどの抑圧や迎合から解放され，ACが低下したと思われます。さらに，Aが上がっていることから，自己を冷静に客観視し，自己の問題性の洞察をし始めていることがうかがえます。

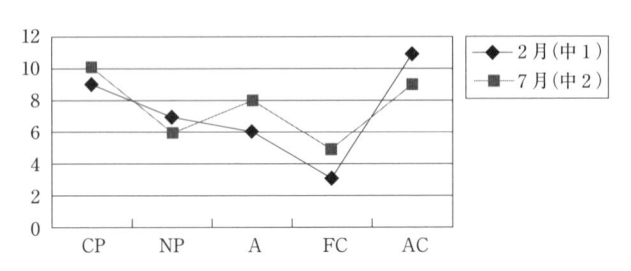

図3-18 アプローチ3後のA男のエゴグラムの変容

> Aが"大人の自我状態"で，FCが"自由な子どもの自我状態"，そして，ACが"順応した子どもの自我状態"でしたね。

もう一度おさらい…

(2) ロールレタリング・感想文の内容から

　A男が初期の頃にロールレタリングで書いた字は乱暴で，文章も攻撃や悲観などを訴えるものがみられました。しかし，ロールレタリングを重ねるにつれ，徐々に字形も正確になり，内容も自己の内心を探るものへと変化していきました。資料3-16は，A男のアプローチ3後のロールレタリングの感想文の内容です。「いやなことがあったときに書くと気が楽になっていいノートだ」とロ

ールレタリングを肯定的に受け止めており、A男がロールレタリングをストレス発散の方法の1つとしていることがわかります。

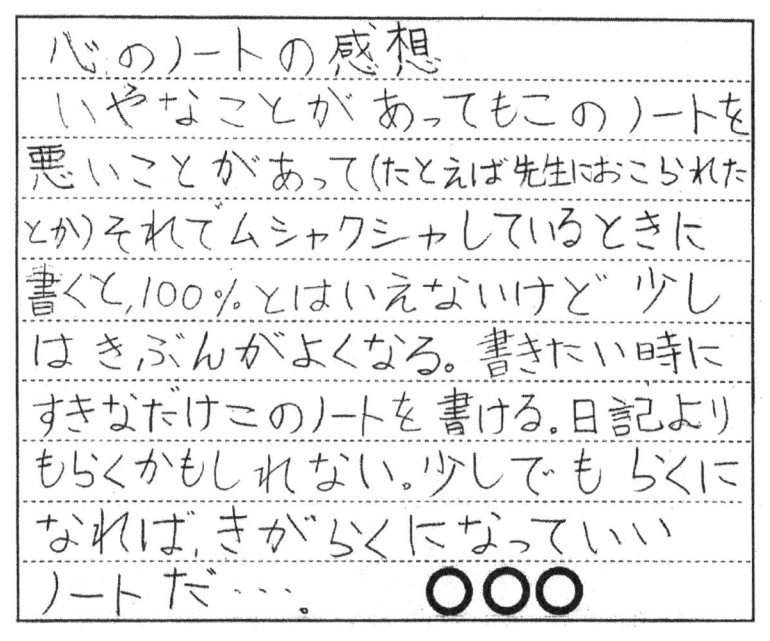

> 心のノートの感想
> いやなことがあってもこのノートを
> 悪いことがあって(たとえば先生におこられた
> とか)それでムシャクシャしているときに
> 書くて、100％とはいえないけど 少し
> はきぶんがよくなる。書きたい時に
> すきなだけこのノートを書ける。日記より
> もらくかもしれない。少しでもらくに
> なれば、きがらくになっていい
> ノートだ…。 ○○○

資料3-16 A男のアプローチ3後のロールレタリングの感想文

(3) 行動観察から

　A男は、ロールレタリング実施前に比べると性格が明るくなり、教師や親などの大人に対して礼儀正しい挨拶や言葉遣いができるようになってきました。また、ロールレタリングを実施した筆者とも親しく話ができるようになり、養護教諭とはいっそう信頼関係が深まりました。

ロールレタリングの成果

- 保健室登校生徒に対し，ロールレタリングによる段階的アプローチを行ったことで，保健室登校生徒がストレスを発散できるようになった。
- ロールレタリングと作業療法を関連させたことで，生徒の自尊心が高まり，生徒が物事に積極的に取り組むようになった（今回の場合，A男は教室登校に復帰できるようになった）。

今後の課題

- 自我向上の段階でのロールレタリングのテーマの工夫。

その3
ロールレタリングでいじめの予防教育

　2006年に福岡県筑前町で起こったいじめによる自殺事件を発端に、全国でいじめ問題がクローズアップされました。文部科学省からも、児童生徒の自殺が相次いでいる現状をふまえ、全国の都道府県や政令都市の教育委員会にいじめへの取り組みを徹底するように通知が発せられました。

　文部科学省では、「いじめとは自分より弱いものに対して、一方的に身体的、心理的な攻撃を継続的に加え、相手が深刻な苦痛を感じているもの」と定義し、「加害者にいじめの自覚がなくても、相手がその行為によって苦痛を感じればいじめととらえること」としています。いじめの対象となるのは、弱者や違った価値観を持つ子、協調性に乏しい子などが多いですが、何らかのきっかけで加害者と被害者が逆転することもよくあります。

　いじめの要因としては、子どもたちの耐性低下によるストレスの増大、他者を思いやる共感性の低下、自分を好きになれない自尊感情の欠如などがあります。いじめる子の多くは、いじめによってさまざまなストレスを発散させ、自分よりも低い者をつくり、そこに優越感を得て、いじめられる子の立場をみじんも考えずにゲーム感覚で行っています。

　そこで考えたのは、ロールレタリングで自分の内面に抱える悩みやうっぷんを吐き出したり、他者の視点から自分を見つめたり物事を考えたりして、自分の中に「自分はこれでいいんだ」と自分を肯定してくれる他者をつくれば、いじめの予防教育につながるのではないだろうか、ということです。

　ここでは、筆者が所属する3学年全5クラスで1学年時から継続している、ロールレタリングによるいじめの予防教育の実践を紹介します。

1 いざ実践！

(1) 授業の設計

対　象：A市立B中学校3年生（5クラス）

めあて：「いじめを心から考えよう」

ねらい：生徒がいじめの被害者の立場になって，いじめがもたらす疎外感や孤立感を疑似体験することで，人権意識を持ち，いじめを絶対に許さない態度を育てる。

指導計画

生徒の学習活動	指導活動と指導上の留意点
<導入段階> 1　福岡や岐阜の事件からいじめについて考える。（5分）	めあて「いじめについて，心から考えよう」を提示する。 新聞記事（概要，遺書など）を読む。 ・今回の事件において，元担任教師に対する非難だけに終わらないようにする。
<展開段階> 2　資料「からかっただけなのに……」を読んでそれぞれの人物の問題点を学習プリントに記入する。（8分） 3　それぞれの人物の問題点を発表する。（3分） <生徒があげた問題点> 【隆志君と雄太君】 ・バケツをかぶせること自体，間違いである。 ・いじめと思わず人を傷つけている。 【何人かの男の子】 ・いじめを軽く見ている。 ・ふざけではなくいじめ，と気づいてない。 【亮君】 ・嫌なことをはっきり言えない。 ・自分も笑っていた。 【筆者の好夫】 ・いじめでないと言っている。 ・いじめを止めるべきであった。 4　ロールレタリングをする。（15分） 「いじめられている私 → 私をいじめている人やそれを見ているみんなへ」 5　いじめられている立場でロールレタリングを行ったときの感想を学習プリントに記入する。（5分） 6　いじめられている立場になった感想を発表する。（5分）	ノートを配布する。 <ロールレタリングに入る流れ（例）> ①「この時間のメインの活動です。みんなは3年間，ロールレタリングをしてきています。ですからイメージする力はだいぶついてきています。そこで，今日はみんながいじめられた立場でロールレタリングを書いてほしいと思います。今までいじめられたことのない人でも，いじめられる人の身になりきってください。」 ②「それでは始めます。みんな黙想してください。自分がいじめられていることを想像してください。いじめられた経験がある人はそのときのことを考えてもかまいません。」 ③「いじめっ子があなたをいじめています。いろんなことをされています。」 ④「あなたは『いじめをやめてくれ。いじめられている学校も嫌だ』と言っています。」 ⑤「さあ，このいじめられている気持ちをノートに書いてください。」

<終末段階> 7 本時の感想を学習プリントに記入する。(4分) 8 班で話しあい, クラスに発表する。(5分)	・「いじめ」はいじめられている子には責任がないということをおさえる。 ・いじめを受けていることに, 問題点を見つけないように配慮する。

(2) 授業の実際

①導入段階

 はじめに, 福岡や岐阜で起こったいじめ自殺の事件から, いじめの実態について考えるきっかけをつくることにしました。そこで, 新聞の記事を用いて, 一連のいじめ事件の概要を説明するとともに, いじめによって自分の命を絶った子どもたちの遺書を読み, 生徒の感情に訴えることにしました。

②展開段階

 次に, いじめを具体的にイメージし, いじめられた立場に自分の身を置いて, いじめの寂しさや惨めさを考える段階をつくりました。そのために, まず, 資料「からかっただけなのに……」(福岡県　授業塾) を読んでそれぞれの人物の問題点をあげ, いじめの卑劣さ残酷さをとらえることにしました。そして, そのいじめの被害者, すなわち, いじめられている立場に立ってみることにしました。それから,「いじめられている私 → 私をいじめている人やそれを見ているみんなへ」というテーマでロールレタリングを実施しました。その後, いじめられている立場になって感想を話しあうことにしました。

③終末段階

 最後に, 本時のまとめとして, 学習プリントを書き, その後, 生活班で話しあい, クラスで発表しあう場を設けました。

からかっただけなのに……　　好男

　ある日の掃除時間。いつものように廊下を掃いたぼくは，大きな声が気になって近くのトイレに行ってみた。中にいたのは亮君，隆志君，雄太君。亮君はバケツを頭にかぶっている。その姿を見て隆志君と雄太君が笑っていたのだ。
ぼくも思わず笑ってしまった。そのうち隆志君と雄太君は亮君にほうきを持たせ，はりつけのような格好をさせて
　「はーい，ぼくはかかしでーす」
といった。亮君は聞き取れないくらい小さな声で
　「はーい，ぼくはかかしです」
といった。
　そこへ担任の山本先生が通りかかり
「何してるの」
と大きな声で言った後，厳しい顔で三人を連れて行った。
バケツを取った亮君の顔は赤くなり，目の周りも赤くなっていて，一瞬泣いているのかとも思ったが，隆志君，雄太君に挟まれて先生についていくとき，舌をべーっと出した隆志君の様子を見て笑っていたのでぼくの勘違いなのだろう。
しばらくして，教室に戻ってきた隆志君と雄太君は，ぶすっとした顔で話している。その横で亮君はうつむいている。
　「何や，ちょっと遊びよっただけやんか」
　「そうそう，なんでいじめよったことになるとや」
　「ふざけて，かかしごっこしよっただけやんか。なあ，亮」
　「そうそう，亮も笑いよったよなあ」
　あの後，三人は先生に相談室に連れていかれ，事情を聴かれた後，二人が亮君をいじめていると厳しくしかられたらしい。
　二人の不機嫌な声を聞いた，何人かの男の子が二人を取り囲み
　「いじめ，いじめってうるさいよなあ」
　「ちょっとからかっただけなのにねえ」
などと口々にいっている。そこへ先生が入ってきたのでみんな席についた。
　亮君は，おとなしく，特に仲のいい友達はいない。時々みんなにからかわれている。そんな時，涙を浮かべていることもあるが，「やめてくれ」なんて言ったこともないし，みんなと一緒に笑っていることもある。みんな別にたたいたりけったりしているわけでもないし，それはやっぱりいじめじゃないと思う。先生は，何かいじめということにぴりぴりしすぎているんじゃないだろうか。
　雄太君と隆志君は友達のいない亮君と遊んでやっているのだし，みんなも二人のやっていることを見て，楽しんでいる。時々，ちょっと亮君をからかっているだけなのに。ぼくたちのクラスであっていることは，絶対いじめなんかじゃないとぼくは思うんだけど…。

　注）これは授業塾会員の一小学校教師による道徳用の自作教材。自らの体験を基に，ある子どもの「日記」として創作した。授業塾はこうした自作教材や授業案を公開し合い，研さんしている。

資料3-17　「からかっただけなのに…」（福岡県授業塾，西日本新聞社提供）

2 考察

(1) 行動観察から

　生徒たちの行動から様子を見ていくことにします。

　まず導入段階では，教師がいじめによって自分の命を絶った子どもたちの遺書を読んでいる間，生徒たちには目を真っ赤にして涙を流したり，鼻を一生懸命にすすりながら涙をこらえたりする様子が見られ，いじめの被害者への感情移入から，いじめの悲惨さを感じとっている姿がうかがえました。

　展開段階では，教師が提示したいじめの資料「からかっただけなのに」を読んで，生徒はそれぞれの人物の問題点を積極的に発表していました。その後の「いじめられている私 → 私をいじめている人やそれを見ているみんなへ」のロールレタリングでは，最初はなかなかイメージできずにそわそわしている生徒もいましたが，5分も経つと教室は水を打ったような静けさとなり，生徒のペンを走らせる音と生徒のすすり泣く声だけしか聞こえませんでした。ロールレタリングを終えると，生徒たちは涙を流しながら学習プリントにその辛さを訴えたり，いじめに対しての憤りをぶつけたりしていました。そして，思い思いにまわりの仲間に気持ちを打ち明けていました。

　最後の終末段階では，授業の感想を同じ生活班の仲間と話しあうとともに，「いじめられた立場になって考えたら，涙が止まらなかった」「いじめは人として最悪だ」といったことを声に出しながら，学習プリントに授業の感想を書い

ていました。

(2) 内省報告から

　資料3-18，3-19は，「いじめられている私 → 私をいじめている人やそれを見ているみんなへ」というテーマでロールレタリングを行ったあとの感想です。
　資料3-18を書いたA子は，ロールレタリングを書いている間，終始涙を流していました。自分がいじめられる立場になってみると「悲しいという言葉じゃ足りない」と，いじめに対して抑えきれない感情をあらわにしていました。

> 本当に嫌で最悪な気分になるし、いじめる人に対してむかっくと思った。それに、周りに助けてくれる人が、いなくて、1人ぼっちで、悲しいって言葉じゃ足りないぐらいだろうと思った。だから死にたいって思うのも無理じゃないだろうし、何で自分なんだろうって思うと思った。

資料3-18　ロールレタリング後のA子の感想

　資料3-19を書いたB男は，今回のロールレタリングのテーマについて最初はなかなか書けないようでした。しかし，5分も経った頃には，ペンをスラスラ運んでいました。「いじめられた立場になってよくいじめについて考えられた」と相手の身になって考えることで，いじめられた子の心理状態をとらえています。

> みんなからいじめられると、嫌だと言ったらもっといじめられるんじゃないかと不安になって嫌だと言いにくくなると思った。
> いじめられる立場になって、よくいじめについて考えられた。
> いじめている側からだと一方的で相手のことなんかは考えられないんだと感じました。助けてくれる人がいないと死にたいと思ってしまう。

資料3-19　ロールレタリング後のB男の感想

資料3-20，3-21は，授業後の感想です。

資料3-20では，これまでは「いじめはダメ」だということを，ただうわべだけのスローガンとしかとらえていなかったC子が，ロールレタリングでいじめられている子の立場になって真剣に考えることで，「本当にいじめはしてはいけない」という決意を固めたことがうかがえます。

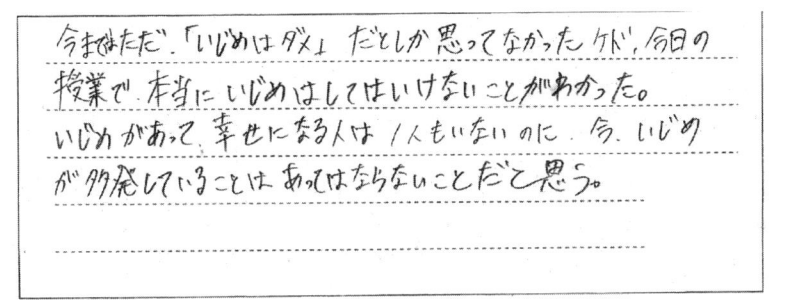

> 今まではただ，「いじめはダメ」だとしか思ってなかったケド，今日の授業で，本当にいじめはしてはいけないことがわかった。いじめがあって，幸せになる人は1人もいないのに，今，いじめが多発していることはあってはならないことだと思う。

資料3-20　授業後のC子の感想

資料3-21では，ロールレタリングをとおしていじめられている子の立場になることで，いじめられている子が人として認められていないことに気づき，一人ひとりの人権を尊重し，もっとお互いのことを理解していくべきだと感じているD男の姿がうかがえます。またD男は，単にいじめを見ているだけの傍観者が，勇気を出していじめられている子に手を差しのべることの大切さを訴えています。

> いじめは，その人の存在を認めていないから起きるんだと思います。人が人を人として見ておらず，何か違う生物でも見ているような目で見ている。最悪なことだと思いました。もっとお互いのことを理解していきたいと思います。周りの人も，いじめられている人に勇気を持って接していく人こそ本当の人間だと思います。

資料3-21　授業後のD男の感想

このように，授業をとおして，生徒はいじめられた子の立場になっていじめの寂しさや惨めさを疑似体験し，そこから一人ひとりの人権を大切にする意識を芽生えさせ，いじめを絶対に許さない態度を育てていました。

今回はいじめの予防教育ということで，「いじめられている私 → 私をいじめている人やそれを見ているみんなへ」という一方向の往信のみのロールレタリングを試みましたが，もし時間をかけて取り組むことが可能な場合は，「私をいじめている人やそれを見ているみんな → いじめられている私へ」の返信をして，数回その往復を重ねながら，「ロールレタリングを書いてどう思ったかな」「ロールレタリングを書いているとき，どんな気持ちだったかな」と思考・感情面を中心に聴くような教師による面接を併用していくことで，生徒自身の心のホメオスタシス（恒常性）を発揮させ，より効果的ないじめ予防へとつなげていけると思われます。

学校現場でのいじめに対する指導は，「いじめは絶対に悪い」というスローガンの下，いじめをした生徒を一方的に厳しく叱ったり反省文などを書かせたりして終わりという形式的なものに陥る危険性があります。しかし，それではかえって生徒の抑圧された情動エネルギーを蓄積させ，結果としていじめを増幅させてしまう恐れがあるでしょう。今後いじめを再び犯すというような同じ過ちを繰り返させないためにも，いじめをした生徒が自分自身の行動について主体的に考えることが大切です。つまり，いじめを行う背後にある感情や内的葛藤を，いじめた本人がありのままに見つめていく作業が重要になってくるのです。そういった意味からも，ロールレタリングによって自分の内面や内心を

しっかり探る機会をつくることは，いじめを予防するための指導として効果を発揮していくことでしょう。

その4
ロールレタリングを中心とした役割交換法で他者とのかかわりを深める

　他者とかかわるとは，自己と他者との発言や行動をとおして，さまざまな関係をつくっていくことです。そして，他者とのかかわりを深めていくとは，他者の発言や行動の心情を理解することによって，他者受容，他者支援，他者尊重ができるようになっていくことです。

　論理療法の創始者アルバート・エリスは，思考・感情・行動を三位一体としてとらえ，思考を変えれば感情が変わり，感情が変われば行動が変わるとしています。文字に自分の考えや思いを表しながら，徐々に自己イメージを客観的で現実に近い事実評価的なものへと近づけていくロールレタリングによって，思考・感情を表出しながら自己を認識することは，他者とのかかわりを深めていく行動へとつながっていくと考えられます。

　ここでは，ロールレタリングとその他の役割交換法を使って，生徒がより他者とのかかわりを深められることをめざしました。

1 ロールレタリングを中心とした役割交換法の必要性

　これまでのロールレタリングの実践における生徒の感想からは，「精神面で成長した」「自分の考えがわかり，前向きになった」「モヤモヤしていたものを思いっきり発散して楽になった」など，自己の気づきから自分をより高めようとする主体的な姿や，ありのままの感情と思考を表現したことで心が落ち着いている姿が見られました。

　しかし残念ながら，ロールレタリングの効果の1つとして期待される他者受容や人間関係の客観化から，生徒どうしが他者を受け容れ，他者の考えをくみとり，他者を大切にしながら他者とのかかわりを深めていく姿はあまり見られませんでした。その原因として，次のような課題があったためと考えられます。

・毎回のロールレタリングのねらいに応じたテーマや計画の工夫が不十分であったこと。
・ロールレタリングの手法だけでは，観念的なイメージだけの世界で終わってしまうこと。

　そこで，これらの課題を解決するために，ロールレタリングのテーマを意図的・計画的に他者とのかかわりを中心に設定し，さらにロールレタリングという思考だけの一面的・観念的イメージの世界に，劇の脚本づくり・指人形劇・ロールプレイングなどの役割交換法を組み込みました。そうすることで，生徒が現実的適応をはかる機会を模擬的に体験し，他者に対する多面的・現実的イメージを具体的につかめるようにしたのです。

　このような体験をすることで，生徒がさらに他者の身になって自分自身をより深く見つめ直し，他者との心の交流ができるようになると考えました。具体的な生徒の姿としては，次のようにとらえました。

・他者の身になり，他者の気持ちを受け容れることができる生徒

・他者の置かれている立場に立って，他者の考えをくみとり行動できる生徒
・他者を理解し，他者を大切にすることができる生徒

2 生徒の実態

調査期日　平成13年5月30日
調査対象　A市立B中学校3年C組30名

　図3-19は，他者とのかかわりの面から生徒の実態を調査した結果です。「あなたは友達とかかわりたいですか」という問いでは，「かなり・だいたいかかわりたい」と答えた生徒は86.7%であり，ほとんどの生徒が他者とかかわりたいと考えています。
　次に，「あなたは，友達の話をその人の身になって聞いてあげることができますか」という問いでは，「かなり・だいたいできる」の70.0%に対し「あなたは友達が困っているときに助けることができますか」という問いでは，「かなり・だいたいできる」と答えた生徒は，46.6%と低くなっています。このことから，他者を受け容れることができる生徒は比較的多いのですが，他者の考えをくみとり行動できる生徒は少ないことがわかります。
　また，「あなたは，友達に嫌がることを言いませんか」という問いでは，「ぜんぜん・あまり言わない」と答えた生徒は30.0%しかおらず，他者を大切にする態度はかなり低いことがわかります。
　これらの生徒の実態から，本学級の生徒は他者とかかわりたいと思っており，他者を受け容れようとはするものの，それは表面的な上辺だけの関係で終わっていて，他者の考えをくみとって行動したり，他者を大切にしたりするような深いかかわりはできていないと思われます。

友達とかかわりたい

- ぜんぜんかかわりたくない 0.0%
- あまりかかわりたくない 13.3%
- だいたいかかわりたい 16.7%
- かなりかかわりたい 70.0%

友達の身になり話を聞くことができる

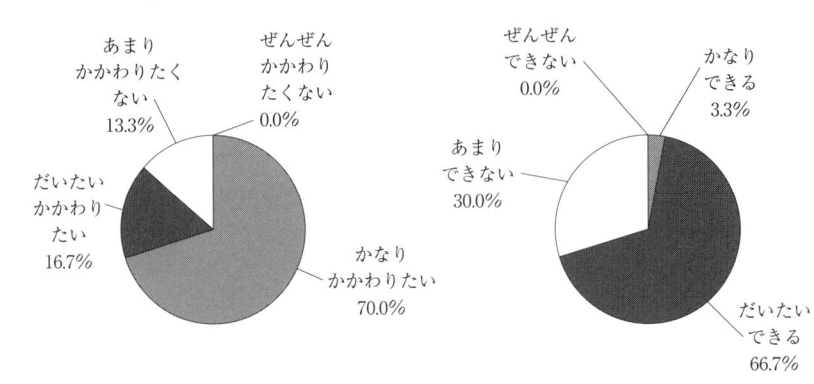

- ぜんぜんできない 0.0%
- かなりできる 3.3%
- あまりできない 30.0%
- だいたいできる 66.7%

友達を助けることができる

- ぜんぜんできない 6.7%
- かなりできる 3.3%
- あまりできない 46.7%
- だいたいできる 43.3%

友達の嫌がることは言わない

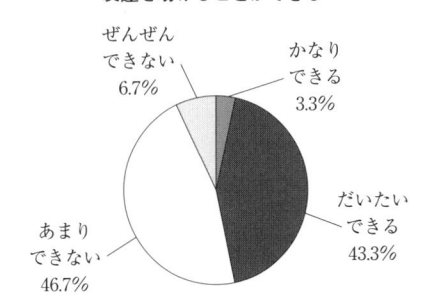

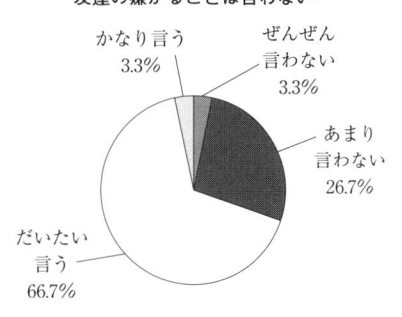

- かなり言う 3.3%
- ぜんぜん言わない 3.3%
- あまり言わない 26.7%
- だいたい言う 66.7%

図3-19　他者とのかかわりに関する生徒の実態

> 他者を思いやるような深いかかわりは大人でも意識したいものです。

3 テーマや他の役割交換法との関連の工夫

まず,他者とのかかわりを深めていく過程を3段階(他者を受け容れる段階,他者を支える段階,他者を大切にする段階)に構成し,その段階に応じてロールレタリングのテーマを学級生活,学校行事,進路決定場面に意図的・計画的に関連させました。そして,他の役割交換法とも関連させました(表3-3)。

表3-3　他者とのかかわりを深めていく段階に応じたロールレタリングのテーマの工夫

他者とのかかわりを深めていく段階	ロールレタリングのテーマ	関連させる他の役割交換法
他者を受け容れる段階	「私 → 先生へ」「先生 → 私へ」 「私 → クラスの○○○へ」「クラスの○○○ → 私へ」	劇の脚本づくり
他者を支える段階	「合唱コンクール前の私 → リーダーへ」 「合唱コンクール前のリーダー → 私へ」	指人形劇
他者を大切にする段階	「進路決定前の私 → 友達へ」 「進路決定前の友達 → 私へ」	ロールプレイング

このように,各段階のロールレタリングのあとに,生徒が劇の脚本づくり・指人形劇・ロールプレイングを行うことで,ロールレタリングで得た他者に対する観念的・一面的イメージと,劇の脚本づくり・指人形劇・ロールプレイングで得た現実的・多面的イメージとを自己の中で同時に持ち,他者に対するイメージを新たに発見したり,その2つのイメージを比較したり,対決したりして,自己洞察をより深められるようにしました(図3-20)。

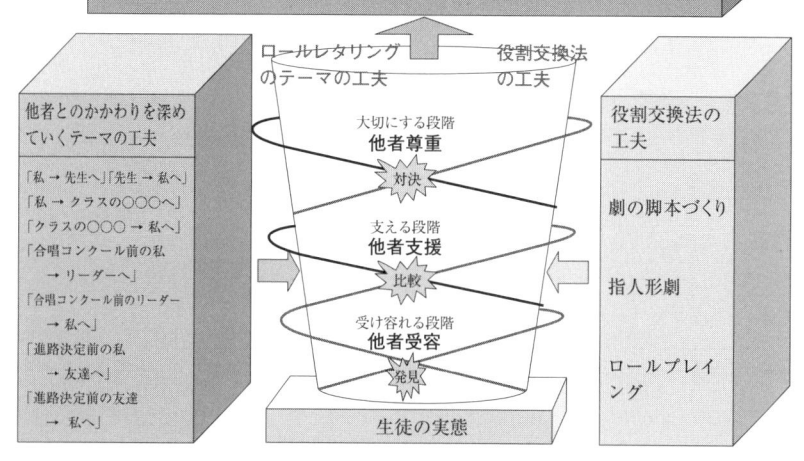

図3-20 他者とのかかわりを深めていくロールレタリングを中心とした役割交換法

「他の方法を取り入れることで相乗効果が期待できます。」

4 いざ実践！

(1) 授業の設計
　対　象：A市立B中学校3年C組
　題　材：「友達とかかわろう」

指導計画

生徒の学習活動	指導のねらい・内容・手立て
＜他者を受け容れる段階＞ （1時間） 1　ロールレタリングを行う。 　「私　→　心配な友達へ」 　「心配な友達　→　私へ」 ・クラスで孤立している子やあまり話をしていない子をイメージして、ロールレタリングを行う。	ロールレタリングで得た一面的なイメージと劇の脚本づくりで得た多面的イメージの違いを発見し、他者の態度や行動の心情を受け容れる考えを深められるようにする。
2　劇の脚本づくりを行う。 　「心配な友達を主人公にして」 ・多面的イメージをつかむために、劇の脚本の中に自分、心配な友達、他の友達を登場させる。	・生徒がロールレタリングと劇の脚本のイメージの違いを発見できるように、学習プリントにおのおののイメージを記述するようにいう。
＜他者を支える段階＞ （2時間） 3　ロールレタリングを行う。 　「私　→　合唱コンクールのリーダーへ」 　「合唱コンクールのリーダー　→　私へ」 ・合唱コンクールの練習場面をイメージして、ロールレタリングを行う。	ロールレタリングで得たイメージと指人形劇で得た現実的イメージを比較し、他者の考えをくみとり行動しようとする態度を育てられるようにする。
4　指人形劇を行う。 　「合唱コンクールの練習場面」 ・ロールレタリングを参考にして、指人形劇の脚本をつくり、自由な雰囲気で班で発表する。	・生徒がロールレタリングと指人形劇のイメージを比較できるように、指人形劇を学級で発表させ、その後、意見交換できる場を設ける。
＜他者を大切にする段階＞ （2時間） 5　ロールレタリングを行う。 　「進路決定を前にした私　→　友達へ」 　「進路決定を前にした友達　→　私へ」 ・進路決定時に友達が相談してきたことをイメージして、ロールレタリングを行う。	ロールレタリングで得た観念的イメージとロールプレイングで得た現実的イメージを対決し、他者を大切にする態度を育てられるようにする。
6　ロールプレイングを行う。 　「進路決定時における友達とかかわる場面」 ・ロールレタリングを参考にして、ロールプレイングの脚本をつくり、自由な雰囲気で班で発表する。	・ロールレタリングとロールプレイングのイメージを対決できるように、班で話し合ったことを学級で発表させ、その後、意見交換できる場を設ける。

(2) 授業の実際
①他者を受け容れる段階

　この段階では，生徒がロールレタリングで得た一面的イメージと劇の脚本づくりで得た多面的イメージとの違いを発見することによって，他者の行動や心情を受け容れる考えを深められるようになることをねらいとしました。

　まず，生徒が事前に書いたロールレタリングのノート「私 ⇄ クラスで心配な友達へ」を読み返して感想を学習プリントに記入したあとで，教師からめあてを提示しました。

　次に，生徒がロールレタリングで得たイメージとは違うイメージを発見できるように，クラスで心配な友達を主人公にした劇の脚本づくりを行いました。その際，劇の脚本づくりで多面的イメージを持てるように，自分・心配な友達・他の友達の三者を登場させ，相互に意見をやりとりさせて，心配な友達を受け容れていく劇の脚本をつくるように指導しました。

　最後に，学習プリントにおのおののイメージを記述したあと，生徒がロールレタリングと劇の脚本のイメージの違いをもっと発見できるように，班で意見交換する機会を設けました。

脚本を作っている様子
みんな真剣に取り組んでいます。

②他者を支える段階

　この段階では，生徒がロールレタリングで得た観念的イメージと指人形劇で得た現実的イメージの違いを比較することによって，他者の考えをくみとって行動できるようになることをねらいとしました。

　まず，生徒が事前に書いたロールレタリングのノート「私 ⇄ 合唱リーダー・指揮者・伴奏者へ」を読み返して感想を学習プリントに記入したあとで，教師からめあてを提示しました。

　次に，ロールレタリングで得た合唱リーダー・指揮者・伴奏者に対する観念的イメージと，指人形劇で得た合唱リーダー・指揮者・伴奏者に対する現実的イメージとの違いを比較するために，合唱コンクールの練習での問題点を中心に脚本をつくり，アドリブも入れて自由な雰囲気で指人形劇をするよう指導しました。

　最後に，生徒がロールレタリングと指人形劇のイメージをより比較できるように，指人形劇を班や学級で発表し，その後，班で意見交換する機会をつくりました。

指人形劇をしている様子
生徒が一人ずつ，脚本を見ながら指人形劇を披露しています。

③他者を大切にする段階

　この段階では，生徒がロールレタリングで得た観念的イメージとロールプレイングで得た現実的イメージを対決させることによって，他者を大切にできるようになることをねらいとしました。

　まず，生徒が事前に書いたロールレタリングのノート「進路決定を前にした私 ⇄ 友達へ」を読み返して感想を学習プリントに記入したあとで，教師からめあてを提示しました。

　次に，生徒がロールレタリングで得た進路決定を前にした友達に対する観念的イメージと，ロールプレイングで得た進路決定を前にした友達に対する現実的イメージを対決できるように，進路決定を前にした友達が進路についての悩みを相談に来た場面の脚本をつくり，アドリブも入れて自由な雰囲気でロールプレイングするよう指導しました。

　最後に，生徒がロールレタリングとロールプレイングのイメージをより対決できるように，班で話しあったことを学級で発表し，その後，意見交換する機会をつくりました。

ロールプレイングをしている様子
実際に行動にするのは，恥ずかしかったり億劫だったりするけれど，ロールプレイングで感覚をつかめたようです。

5 結果の分析と考察

(1) 検証方法・抽出生徒について

　他者とのかかわりを深めていく段階に応じたロールレタリングのテーマ設定の工夫や，ロールレタリングと劇の脚本づくり・指人形劇・ロールプレイングを組み合わせることによって得られた効果や他者とのかかわりの深まり具合について，次の方法で検証を行いました。

・自己評価表の評定尺度
・感想文の内容
・ＴＡＯＫテスト・エゴグラム
・行動観察

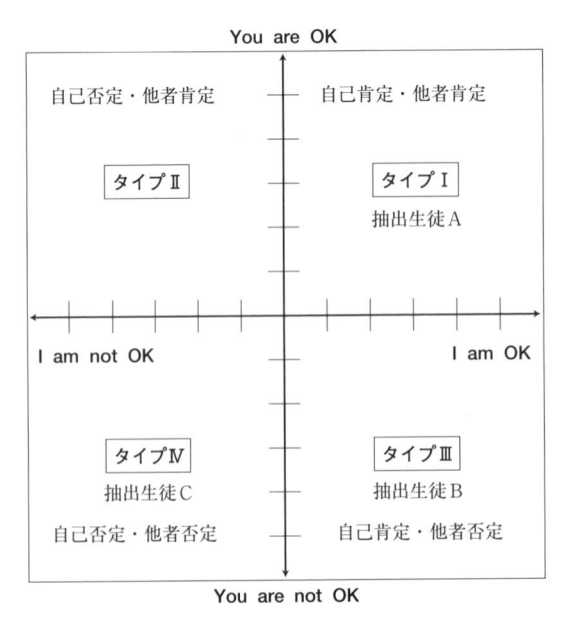

```
                    You are OK
  自己否定・他者肯定  │  自己肯定・他者肯定
                    │
       ┌─────┐     │     ┌─────┐
       │タイプⅡ│     │     │タイプⅠ│
       └─────┘     │     └─────┘
                    │      抽出生徒Ａ
                    │
 ───────────────────┼───────────────────
 I am not OK        │        I am OK
                    │
       ┌─────┐     │     ┌─────┐
       │タイプⅣ│     │     │タイプⅢ│
       └─────┘     │     └─────┘
        抽出生徒Ｃ    │      抽出生徒Ｂ
  自己否定・他者否定  │  自己肯定・他者否定
                    │
                  You are not OK
```

図 3-21　抽出生徒タイプ

抽出生徒（ロールレタリング実施前）は，図3-21のようにＴＡＯＫテストにおけるタイプⅠ（自己に対しても他者に対しても肯定的）を抽出生徒Ａ，タイプⅢ（自己に対しては肯定的で，他者は対しては否定的）を抽出生徒Ｂ，タイプⅣ（自己に対しても他者に対しても否定的）を抽出生徒Ｃとしデータをとりました。なお，タイプⅡ（自己に対しては否定的で，他者に対しては肯定的）に該当する生徒はいませんでした。

(2)「他者を受け容れる」はどうだったか
①自己評価表から
　図3-22は，生徒が自己評価表における「あなたは，友達の話をその人の身になって聞いてあげることができますか」という問いに対して，4段階評定尺度法（最高値は4）で答えた結果です。同じ問いに対する抽出生徒の数値は，抽出生徒Ａが4，Ｂが4，Ｃが3でした(実態調査ではＡが4，Ｂが3，Ｃが2)。

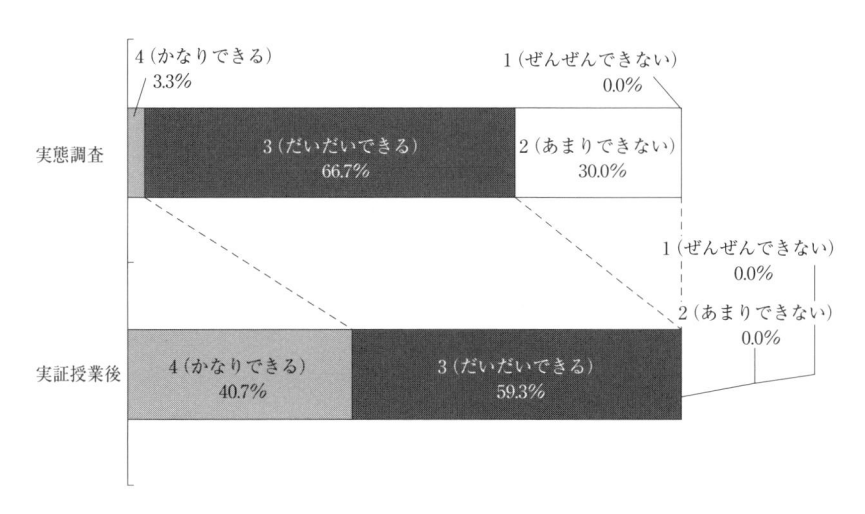

図3-22　他者受容の変化

②感想文から

資料3-22は抽出生徒Bの学習後の感想です。ロールレタリングの一面的イメージと劇の脚本づくりの多面的イメージの違いを発見しながら、友達の身になり気持ちを受け容れる考えを深めていると考えられます。

> RLの時は、その心配な友達の弱点ばかり書いてしまったけれど、脚本を作ってみると『自分がもし友達の立場だったら』と考える事ができました。自由だったので思っている事が出せました。

資料3-22　抽出生徒Bの学習後の感想

③行動観察から

抽出生徒Aは、イメージの違いを発見し、それを班で発表していました。抽出生徒Bは、二者間でやりとりをするロールレタリングにさらに他者を加える、つまり三者間での設定となる脚本づくりで、学習プリントの裏までスラスラ書いていました。抽出生徒Cは、事前に書いたロールレタリングのノートを参考にして、心配な友達について真剣に考えながら脚本づくりを行っていました。

(3)「他者を支える」はどうだったか

①自己評価表から

図3-23は、生徒が自己評価表における「あなたは、友達が困っているときに助けることができますか」という問いに対して、4段階評定尺度法（最高値は4）で答えた結果です。同じ問いに対する抽出生徒の数値は、抽出生徒Aが4、Bが4、Cが3でした（実態調査ではAが4、Bが3、Cが2）。

第3章 ロールレタリングをやってみよう！

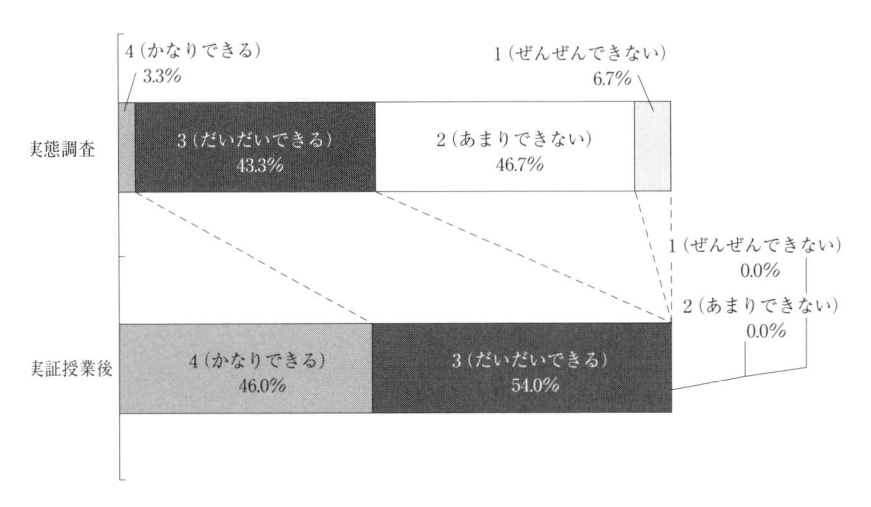

```
実態調査
  4（かなりできる）3.3%
  3（だいたいできる）43.3%
  2（あまりできない）46.7%
  1（ぜんぜんできない）6.7%

実証授業後
  4（かなりできる）46.0%
  3（だいたいできる）54.0%
  2（あまりできない）0.0%
  1（ぜんぜんできない）0.0%
```

図3-23　他者支援の変化

②感想文から

　資料3-23は，抽出生徒Cが書いた学習後の感想です。ロールレタリングと指人形劇を関連させることで，ロールレタリングの観念的イメージと指人形劇の現実的イメージを比較しながら，友達の考えをくみとり行動しようとする態度が育っていると考えられます。

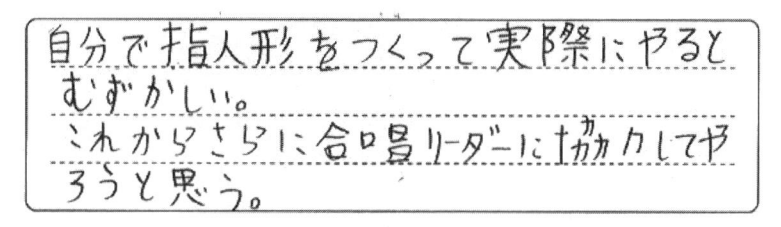

> 自分で指人形をつくって実際にやるとむずかしい。
> これからさらに合唱リーダーに協力してやろうと思う。

資料3-23　抽出生徒Cの学習後の感想

③行動観察から

抽出生徒Aは，合唱リーダーの考えをくみとりながら指人形劇を行っていました。抽出生徒Bは，指人形劇をクラスの前で発表し，「合唱リーダーに協力しよう」というメッセージを伝えていました。抽出生徒Cは，脚本を見て考えながら指人形劇を行っていました。

(4)「他者を大切にする」はどうだったか

①自己評価表から

図3-24は，自己評価における「あなたは，友達に嫌がることを言いませんか」という問いに対して，生徒が4段階評定尺度法（最高値は4）で答えた結果です。同じ問いに対する抽出生徒の数値は，抽出生徒Aが4，Bが3，Cが3でした（実態調査ではAが3，Bが1，Cが2）。

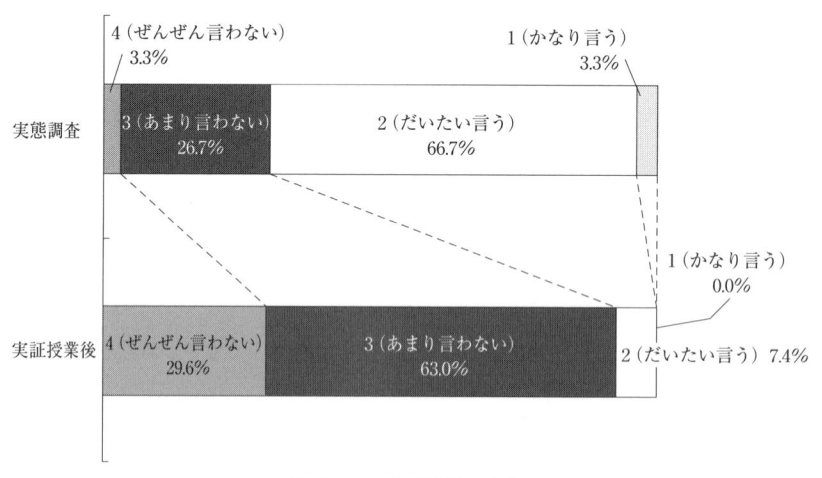

実態調査
- 4（ぜんぜん言わない） 3.3%
- 3（あまり言わない） 26.7%
- 2（だいたい言う） 66.7%
- 1（かなり言う） 3.3%

実証授業後
- 4（ぜんぜん言わない） 29.6%
- 3（あまり言わない） 63.0%
- 2（だいたい言う） 7.4%
- 1（かなり言う） 0.0%

図3-24 他者尊重の変化

②感想文から

資料3-24は,抽出生徒Aの学習後の感想です。ロールレタリングとロールプレイングを関連したことで,ロールレタリングの観念的イメージとロールプレイングの現実的イメージを対決させながら,友達を理解し大切にしようとする態度が育っていると考えられます。

> 楽しかったし、おもしろかった。指人形にひきつづき、劇をやって楽しかった。劇で思ってたことを実際にするのは、イイ子ブリッ子と思われて恥ずかしかったけど、勇気を出してやった。でも本当に難しかった。こういう授業は、ほとんど他の学校でやっていないと思うから、ラッキーだと思う。この授業を次の三年生にもしてほしいと思う。

資料3-24 抽出生徒Aの学習後の感想

③行動観察から

抽出生徒Aは,ロールプレイングで顔を真っ赤にしながら,悩んでいる友達にアドバイスを行っていました。抽出生徒Bは,ロールプレイングで大きなボディランゲージを加えながら,悩んでいる友達を励ましていました。抽出生徒Cは,脚本づくりはできていましたが,実際にロールプレイングになると悩んでいる友達に対して言葉をかけるのがむずかしそうでした。

(5) 全体を振り返って

①自己評定尺度から

図3-25は,生徒が他者とのかかわりの深まり(実証授業1で他者受容,実証授業2で他者支援,実証授業3で他者尊重)を4段階評定尺度法(最高値は4)で答えたものを,実態調査と実証授業後で比較した結果です。いずれも数値が上がっており,他者とのかかわりが深まっていることがわかります。

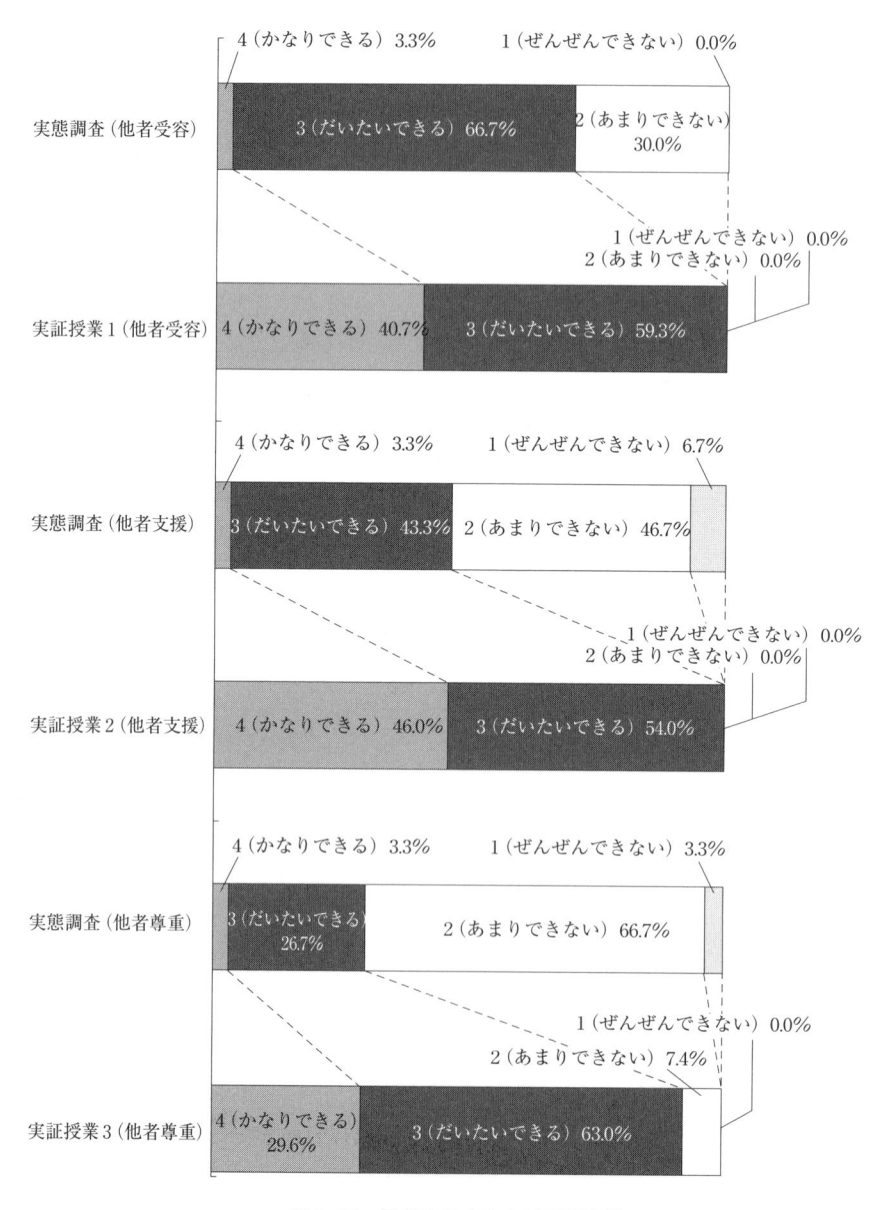

実態調査（他者受容）	4（かなりできる）3.3%　3（だいたいできる）66.7%　2（あまりできない）30.0%　1（ぜんぜんできない）0.0%
実証授業1（他者受容）	4（かなりできる）40.7%　3（だいたいできる）59.3%　2（あまりできない）0.0%　1（ぜんぜんできない）0.0%
実態調査（他者支援）	4（かなりできる）3.3%　3（だいたいできる）43.3%　2（あまりできない）46.7%　1（ぜんぜんできない）6.7%
実証授業2（他者支援）	4（かなりできる）46.0%　3（だいたいできる）54.0%　2（あまりできない）0.0%　1（ぜんぜんできない）0.0%
実態調査（他者尊重）	4（かなりできる）3.3%　3（だいたいできる）26.7%　2（あまりできない）66.7%　1（ぜんぜんできない）3.3%
実証授業3（他者尊重）	4（かなりできる）29.6%　3（だいたいできる）63.0%　2（あまりできない）7.4%　1（ぜんぜんできない）0.0%

図 3-25　他者とのかかわりの深まり

ロールレタリングをやってみよう！ 第**3**章

> 生徒がねらい通り，成長しているのがわかります！！

　また，図3-26は，ロールレタリングと劇の脚本づくり・指人形劇・ロールプレイングの関連の必要性について，授業後の生徒が4段階評定尺度法（最高値は4）で答えた結果です。いずれも高い数値を示しており，生徒はロールレタリングとそれぞれの役割交換法との関連の必要性を感じていることがわかります。

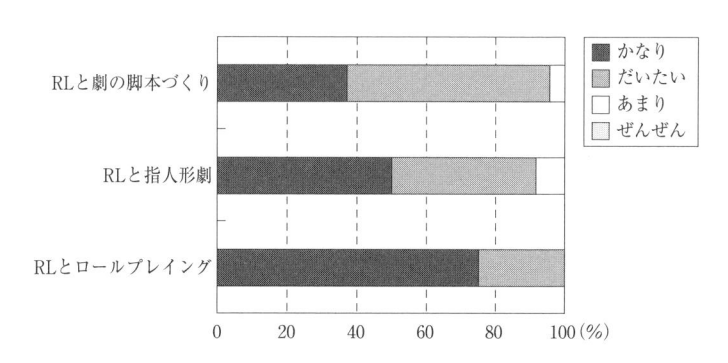

図3-26　ロールレタリングと役割交換法の関連の必要性

②ＴＡＯＫテスト・エゴグラムの変容から

　図3-27は抽出生徒Ａ，Ｂ，ＣのＴＡＯＫテスト・エゴグラムの実態調査と授業後のデータを比較した結果です。ＴＡＯＫテストにおいては，抽出生徒Ａ，Ｂ，Ｃいずれも自己肯定・他者肯定の領域に右上がりに上昇しました。また，

エゴグラムにおいては，抽出生徒A，B，Cいずれも事実に基づいて物事を判断しようとするAの自我状態が上昇しました。このことから，人間関係を客観化し他者とかかわっていく力が育っていると考えられます。

TAOKテストの変容

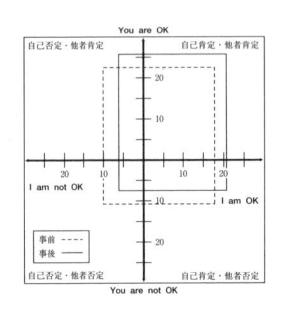

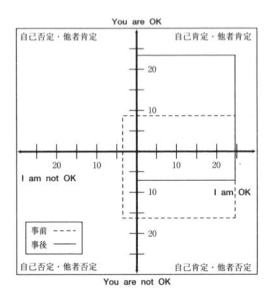

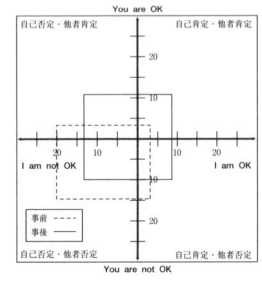

エググラムの変容

抽出生徒A　　　　　　　抽出生徒B　　　　　　　抽出生徒C

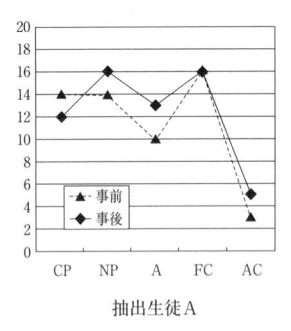

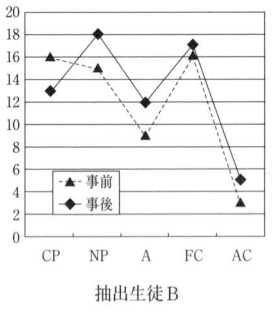

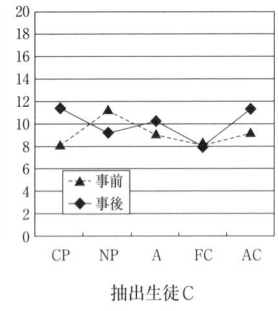

図3-27　抽出生徒のTAOKテスト・エゴグラムの変容

③感想文から

資料3-25は，実証授業後の生徒の感想です。生徒は，段階的に他者とかかわるロールレタリングのテーマに沿って手紙を書くことで，他者とのかかわりが深められ，また，そのことを本人も自覚できていることがわかります。この

ことから，段階に応じたロールレタリングのテーマ設定がうまくいったと考えられます。

> 「私から心配な友達へ」では、クラスの仲間を見つめ直すことができた。
> 「私から合唱リーダーへ」では、人の気持ちを考えて行動することを学んだ。
> 「私から進路決定を前にした友達へ」では、友達も悩んでいるんだという事に気づき、はげまし合えるようになった。

資料3-25　授業後の生徒の感想

ロールレタリングの成果

- ロールレタリングと劇の脚本づくり・指人形劇・ロールプレイングなどの役割交換法を関連させたことで、生徒が各イメージを発見・比較し対決させることができた。その結果、生徒が他者を受け容れたり、他者の考えをくみとったりできるようになり、他者を大切にしようとする態度の育成につながった。
- 段階に応じたロールレタリングのテーマ設定をすることで、他者とのかかわりの深まりに応じて具体的に他者を考える機会をつくることができ、生徒が他者への理解を深められた。

今後の課題

- ロールレタリングをとおして高まったものを適切に行動表現するために、アサーション・トレーニング（攻撃的な自己主張をしたり、自己を抑えてしまうのではなく、自分を適切に主張できるようにする訓練）の導入。
- 「見通し」をもって対人関係能力を育てるためのピア・サポート・プログラムとの関連。

その5
ロールレタリングでキャリア教育

今日，少子高齢化社会の到来や産業経済の構造的変化，雇用形態の多様化・流動化などを背景として，将来への不透明さが増すとともに，就職・進学を問わず，進路をめぐる環境は大きく変化しています。

これまで日本の進路指導は，受験指導・進学指導や就職指導といった出口指導となっていました。その結果，偏差値至上主義や若者のフリーター・ニート志向が増加することにもつながりかねず，大きな社会問題となっています。

これらの問題から，本来の進路指導である「生き方指導」が求められるようになり，平成15年6月には文部科学省から「キャリア教育総合計画の推進」が示されました。すなわち，将来日本を担う若年層の勤労・職業意識を高めるために，「人間はいかに生きるか」「人間はいかに生きるべきか」といった視点で「自分探しの旅」の見通しを立て，自分の能力，適性，興味・関心などを生かして，将来の社会的な自己実現を図っていくための指導・支援が求められてきているのです。

ここでは，キャリア教育にもロールレタリングが活用できる！ という例をご紹介します。筆者はこれまで，生徒が自分の生き方を見つめられるように，「私 ⇄ 10年後の私へ」というロールレタリングを行ってきました。実施後，生徒から好感触の感想が寄せられ，自らの意志で進路を選択していこうとする姿が見られるようになりました。

さらに，将来の職業をイメージしたり，1年後の自分から今の自分のあり方を考えたりしながら進路を決定できるようなロールレタリングも取り入れ，生徒が自己理解を深めながら将来の生き方を考えられるように工夫しました。

1 いざ実践！

(1) 授業の設計
　対　象：A市立B中学校3年C組
　題　材：「自分の将来について考えよう」
　目　標：・将来の生き方とともに，中学校卒業後の進路を考える。
　　　　　・自己の内面を見つめ，自己を振り返ることで，自己理解を深める。
　　　　　・進路決定に対する意識を高め，自ら主体的に取り組もうとする意欲を育てる。

指導計画

生徒の学習活動	指導のねらい・留意点
＜つかむ段階＞（1時間） 1　ロールレタリングを行う。 　「私 → 10年後の私へ」（事前） 　「10年後の私 → 私へ」 2　ワークシート「将来希望する職業」を記入する。	「私 ⇄ 10年後の私」のロールレタリングを行うことで，将来の生き方を考える機会を設ける。 ・将来の職業を具体的にイメージするようにうながす。 ・ロールレタリングを参考にしてワークシートを記入するよう指導する。
＜もとめる段階＞（1時間） 3　ロールレタリングを行う。 　「私 → 1年後の私へ」（事前） 　「1年後の私 → 私へ」 4　高校・職業調べをする。 ・イメージした進路について，インターネットや資料などを使って調べる。	「私 ⇄ 1年後の私」のロールレタリングを行うことで，近い将来（高校進学・就職）や今の自分のあり方について考える機会を設ける。 ・1年後の自分（進学先・就職先）を具体的にイメージするようにうながす。
＜生かす段階＞（1時間） 5　ロールレタリングを行う。 　「私 → 進路決定を前にした私へ」（事前） 　「進路決定を前にした私 → 私へ」 6　シェアリングを行う。 ・ロールレタリング後の感想を出しあう。 ・これまでの学習を振り返り，班で話しあう。	「私 ⇄ 進路決定を前にした私」のロールレタリングを行うことで，将来の夢を見据えて，中学校卒業後の進路について考える機会を設ける。

> 今回のロールレタリングの往信は，授業中ではなく，事前に朝や帰りのホームルームで書く時間をつくっています。

(2) 授業の実際

①つかむ段階

はじめに，「私 ⇄ 10年後の私へ」のロールレタリングを行うことで，将来の生き方を考えるきっかけをつくることにしました。

まず，事前に書いたロールレタリング「私 → 10年後の私へ」を読み返す時間をとりました。次に，その返信として「10年後の私 → 私へ」のロールレタリングを行いました。その際，将来の職業に就いた自分から手紙を書いていることをイメージするようにうながしました。最後にロールレタリングを参考にして，ワークシート「将来希望する職業」を記入するよう指導しました。

②もとめる段階

次に，「私 ⇄ 1年後の私へ」のロールレタリングを行うことで，近い将来（1年後の高校進学・就職）や今の自分のあり方について考える段階を設けました。

まず，事前に書いたロールレタリング「私 → 1年後の私へ」を読み返す時間をとり，それからその返信として，「1年後の私 → 私へ」のロールレタリングを行いました。その際，1年後，具体的にどこの進学・就職先から自分が手紙を書いているかをイメージするようにうながしました。そして最後に，イメージした高校・就職先についてインターネットや資料などを使って調べる時間をとりました。

> 実際に調べてみることで,イメージに現実味が加わります。

③生かす段階

最後に,「私 ⇄ 進路決定を前にした私へ」のロールレタリングを行うことで,生徒が将来の夢を見据えて,中学校卒業後の進路について考えられるようにしました。

まず,事前に書いたロールレタリング「私 → 進路決定を前にした私へ」を読み返す時間をとり,それからその返信として,「進路決定を前にした私 → 私へ」のロールレタリングを行いました。最後に,ロールレタリング後の感想を出しあい,これまでの学習を班で振り返ったり分かちあったりするシェアリングの場を設けました。

2 考察

(1) 自己評定尺度から

図3-28,3-29,3-30は,生徒が授業後,4段階評定尺度法で質問紙法に答えた結果です。

「あなたは将来の生き方を考えることができましたか」という問いに対し,94.1%の生徒が「かなり・だいたいできた」と答えており(図3-28),ほとんどの生徒が,将来の生き方について考えられたことがわかります。

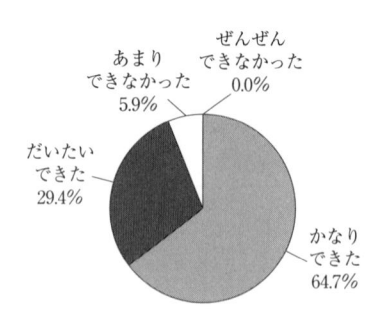

図3-28　将来の生き方を考えられた生徒の割合

かなりできた　64.7%
だいたいできた　29.4%
あまりできなかった　5.9%
ぜんぜんできなかった　0.0%

「あなたは今の自分を振り返ることができましたか」という問いに対し，「かなりできた」と答えた生徒は53.3%，「ぜんぜんできなかった」と答えた生徒は17.7%（図3-29）と「かなりできた」と答えた生徒が上回っているものの，授業後，自己を振り返ることができた生徒とそうでない生徒の二極化が見られます。

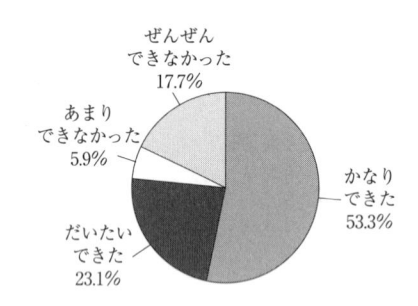

図3-29　今の自分を振り返れた生徒の割合

かなりできた　53.3%
だいたいできた　23.1%
あまりできなかった　5.9%
ぜんぜんできなかった　17.7%

> 振り返れなかった生徒のフォローが必要ですね…。

「進路実現に向け，自分から行動するようになりましたか」という問いに対し，「かなり・だいたいできた」と答えた生徒は94.1％であり（図3-30），ほとんどの生徒が授業後，進路実現に向け，主体的に行動できるようになったことがわかります。

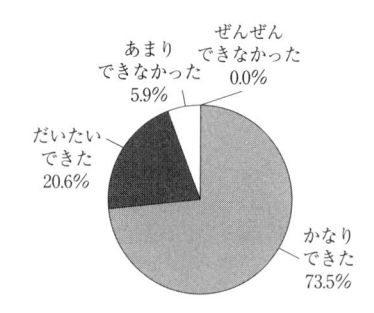

図3-30 進路に対して主体的態度がとれた生徒の割合

- ぜんぜんできなかった 0.0%
- あまりできなかった 5.9%
- だいたいできた 20.6%
- かなりできた 73.5%

> ローレが今後の人生を見つめるいいキッカケになったようです。

(2) 内省報告から

資料3-26は，生徒が授業後に書いた感想です。ロールレタリングにより自分の現状を理解し，自分の将来の夢実現に向け，努力していこうとする主体的な態度が育っていることがわかります。

> 僕は「10年後の私」からのロールレタリングで、自分の将来を考えて、とてもわくわくして楽しかったです。そして、「1年後の私」では、1年後、そうなっているためには、今、自分が何をしなければならないかがよくわかりました。僕は将来、建築士になりたいという夢があります。建築士はいろいろな発想が大切だから、そのためには、多くのことを勉強していこうと思いました。これから、受験まで、一日一日を大切にしていきたいと思います。

資料3-26　授業後の生徒の感想

ロールレタリングの成果

・「10年後の私」や「1年後の私」を具体的にイメージする機会を設けたことで，生徒が将来の生き方を考えられるようになった。
・「将来の自分」から「今の自分」に語りかけるという自己内対話をうながすことによって，進路実現に向け主体的に取り組もうとする生徒の意欲を育てる援助ができた。

今後の課題

・自己への振り返りをうながす個人面接の併用。
・ロールレタリングの往信・返信が十分できるような時間を確保。

その6
ロールレタリングをした中学生の追跡調査

　ロールレタリングの効果について検証するために，中学生の追跡調査をすることにしました。調査は，以下の方法で行いました。

調査対象：2000年6月から2001年3月の10か月間ロールレタリングを行ったA中学校3年生（当時）35名を対象として郵送調査を行い，回収された24名（男子11名，女子13名）を分析対象としました。

調査内容：下記のⅠ～Ⅴの内容を5段階評定尺度法（「思う」：5，「少し思う」：4，「どちらでもない」：3，「あまり思わない」：2，「思わない」：1）で実施しました。また，その理由を記述してもらう項目も設定しました。ただしⅤは，「はい」「いいえ」の2段階評定尺度法で行いました。

Ⅰ　中学校時代にロールレタリングをしてよかったと思うか？
Ⅱ　これからの中学生にロールレタリングをしていくことがよいと思うか？
Ⅲ　中学校時代にロールレタリングをして何か自分が変わったと思うか？
Ⅳ　高校でもロールレタリングをしたらよかったと思うか？
Ⅴ　中学校を卒業して自分でロールレタリングをしたことがあるか？

調査時期と調査方法：2003年5月から6月にかけて，一斉郵送質問紙法を実施しました。

1 結果について

(1) 質問Ⅰ：ロールレタリングをしてよかったと思うか？

　図3-31は，質問Ⅰの評定尺度の結果を示したものです。「中学校時代にロールレタリングをしてよかったと思うか？」という問いに対して，「よかったと思う」が62.5%，「少し思う」が33.3%，「どちらでもない」が4.2%でした。そして，その理由をまとめたものが表3-4です。

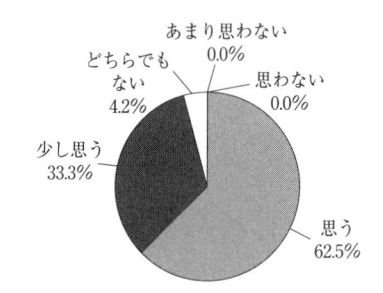

図3-31　中学校時代にロールレタリングをしてよかったと思うか

> これから出てくる表の中で，△マークがついているのは，よくなかった理由です。

表3-4　中学校時代にロールレタリングをしてよかった理由

○自分のことばかり考えていた自分が少しずつ相手の気持ちを考えるようになったから。(8)
○自分が感じていることや思っていることを他人に見られずに安心して書けたから。(3)
○ローレでストレス発散ができたから。(3)
○自分自身と向き合うことができ物事を客観的に見ることができるようになったから。(2)
○人前で口に出して言えないこともスラスラできるから。(2)
○絵とか悪口を書いてたけど,とてもスッキリする楽しい時間だったから。(1)
○自分の気持ちと相手の気持ちがわかるようになったから。(1)
○まとまらない気持ちの整理がついたから。(1)
○中学校時代はいろいろと考え過ぎて不安定な時期だったから。(1)
○今,読み返すと懐かしく思い,また考え直すことができるから。(1)
△なかなか思ったように書くことは難しかったから。(1)

(2) 質問Ⅱ：中学生にしていくことはよいと思うか？

　図3-32は,質問Ⅱの評定尺度を示したものです。「これからの中学生にロールレタリングをしていくことはよいと思うか？」という問いに対して,「よいと思う」が83.3%,「少し思う」が16.7%でした。そして,表3-5はその理由です。

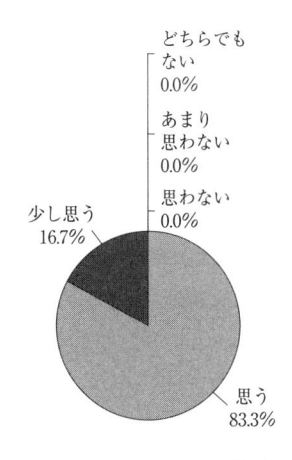

図3-32　中学生へのロールレタリング実施をよいと思うか

表3-5　中学生へのロールレタリング実施がよい理由

○自分のことばかり考えているこの時期に相手のことも考えてほしいから。(7)
○自分がローレをしてきて,本当によかったことを実感しているから。(4)
○中学の時は自分がよくわからなかったりするので自分自身を落ち着いて考えることができるから。(3)
○中学の時は精神的に悩みが多いから。(3)
○ムシャクシャしているとき,スッキリするから。(3)
○自由に表現する場は必要だと思うから。(1)
○ローレをして絶対に損はないから。(1)
○今の中学生は心が乱れているから。(1)
○大人になって読んで笑うことができるから。(1)

ネッ！　やってみる価値ありでしょ？

(3) 質問Ⅲ：何か自分が変わったと思うか？

　図3-33は,質問Ⅲの評定尺度の結果を示したものです。「中学校時代にロールレタリングをして何か自分が変わったと思うか？」という問いに対して,「変わったと思う」が25.0％,「少し思う」が45.8％,「どちらでもない」が16.7％,「あまり思わない」が4.2％,「思わない」8.3％でした。そして,表3-6はその理由です。

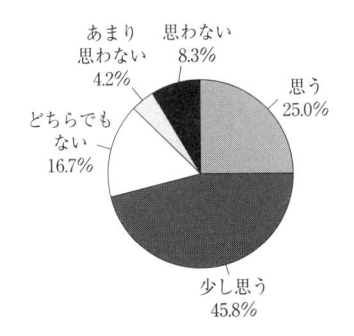

あまり 思わない
思わない 8.3%
4.2%
どちらでもない 16.7%
思う 25.0%
少し思う 45.8%

図3-33　中学校時代のロールレタリングで自分が変わったと思うか

表3-6　中学校時代のロールレタリングで自分が変わった理由

○相手の気持ちをよく考えるようになった。（8）
○自分の素直な気持ちを大切にするようになった。（3）
○我慢強くなった。（3）
○マイナス思考だったのがプラス思考になった。（2）
○よくわからないがきっと変わったと思う。（2）
○自分にも他人にも素直になった。（1）
○いろんな思いを自分の中で客観的に見ることができるようになった。（1）
○自分だけの視点だけでなくいろんな人の立場になって考えるようになったし，考えられるようになった。（1）
○悩みとかためすぎてきつくなったりすることが少なくなった。（1）
○よく考えて行動するようになった。（1）
△あまり書いてなかったのでわからない。（1）

(4) 質問Ⅳ：高校でもしたらよかったと思うか？

　図3-34は，質問Ⅳの評定尺度の結果を示したものです。「高校でもロールレタリングをしたらよかったと思うか？」という問いに対して，「よかったと思う」が41.7%，「少し思う」が29.2%，「どちらでもない」が8.3%，「あまり思わない」が12.5%，「思わない」8.3%でした。そして，表3-7はその理由です。

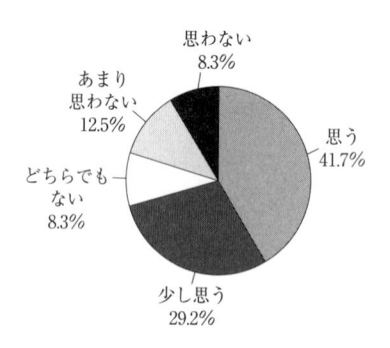

図3-34 高校でもロールレタリングをしたらよかったと思うか

（円グラフ：思う 41.7%、少し思う 29.2%、どちらでもない 8.3%、あまり思わない 12.5%、思わない 8.3%）

表3-7 高校でもロールレタリングをしたらよかったと思う理由

○高校生もいろいろな悩みがあったし辛いことがあったから。（7）
○中学校時代のローレを継続したかったから。（3）
○ローレのようにゆっくり自分を考える時間が必要だったから。（2）
○ローレをしなくなって自分と向き合う時間がなくなったから。（2）
○高校では人の気持ちを考えずに行動する人に何人か出会ったから。（2）
○ローレがないとなかなか相手の立場になって考えることがないから。（2）
○後で大人になって高校の時の自分の考えがわかるから。（2）
△勉強などで忙しいから。（2）
△真面目に取り組まないから。（2）

(5) 質問Ⅴ：卒業後，自分でしたことがあるか？

図3-35は，質問Ⅴの評定尺度の結果を示したものです。「中学校を卒業して自分でロールレタリング（似たもの可）をしたことがあるか？」という問いに対して，「はい」45.8%，「いいえ」が54.2%でした。そして，表3-8はその理由です。

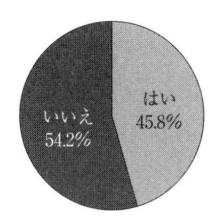

図 3-35　卒業後，ロールレタリングをしたことがあるか

表 3-8　卒業後，ロールレタリングをしたことがある理由

○人に言えなかったり吐き出すところがないときにローレをしてスッキリしていた。
○ある人に対してムカついたときや嬉しく思ったときにしていた。
○ノートを見て懐かしかったし，ちょうど嫌なことがあったのでしてみた。
○辛いことがあったとき，ノートに書いていた。
○イライラしたときやストレスがたまったときにパソコンでやっている。
○嫌なことがあったとき，それを机の上に書いていた。(そのときはロールレタリングという意識はなかったが…)
○よくやっている。自分に向き合うことで毎日がんばってやっていける。
○何かを考えるとき，中学のノートでやっていた。
○将来のことを考えるとき。
○自分を見失いそうになったとき。

> ローレという存在を知っておくと，子どもたちの自己解決手段の引き出しが増えるのです!!

2 全体を振り返って

　以上の検証を行ったことで，ロールレタリングの効果を改めて実感することができました。たとえば，図3-31より，95.8%の生徒が「中学校時代にロールレタリングをしてよかった」と答え，3分の1の生徒が「相手の気持ちを考えるようになった」と答えるなど，ロールレタリングを高く評価していることがわかります。そして，図3-32より，100%の生徒がこれからの中学生にとってロールレタリングは必要であると答えており，その理由として「相手の立場になって考えることの必要性」（約3分の1）や「自分の効果体験」（約6分の1）をあげています。さらに，図3-33より，70.8%の生徒が「ロールレタリングをして自分が変わった」と答えており，その理由として，「相手の気持ちをよく考えるようになった」（約半数）をあげています。

　一方，高校でもロールレタリングをしたほうがよかったと「思う」70.9%，「どちらでもない」8.3%，「思わない」20.8%となりました。「思う」理由としては「自分を考える時間や向きあう時間の不足」などがあげられており，ロールレタリングをしないと，自分を考える時間がなかなかとれないことがうかがえます。そして，よかったと「思わない」理由としては，「勉強などで忙しいから」という学業指導の重視をうかがわせるものや，「真面目に取り組まないから」というホームルームの経営がうまくいっていないことをうかがわせるものがありました（表3-7）。

　最後に，注目すべきは，中学校を卒業してもロールレタリングを行ったことがあると45.8%の生徒が答えており，表3-8の理由からも「ストレス発散」や「対人関係などの解決」のために用いていることがわかります。このことからも，ロールレタリングは現在求められている"生きる力"の育成や"ライフスキル教育"につながり，十分効果を発揮していくものと考えられます。

その7
保護者会にもロールレタリングを

　近年，いじめ，不登校，校内暴力といった子どもの問題行動はますます深刻化し，社会問題となっています。そして，これらの問題行動には親の養育態度が大きく関係していると多くの心理学者や教育学者は指摘しています。J・ボウルビィは，「子どもの健全な精神発達には，母親またはその代理者と持続的な温かい関係が不可欠であり，これが奪われる状況においては，子どもの人格障害，情緒障害が引き起こされる」と述べています。しかし一方では，親が「自分の子どもがかわいいと思えない」「ついカッとなって手をあげてしまう」などの育児ストレスに陥ったり，子どもを虐待したりしてしまうケースが急増しているのも現状です。

　そこで，今回は，子どもの存在価値の尊さを改めて保護者に気づいてもらうために，保護者会で遺書によるロールレタリングを試みることにしました。

1 遺書形式のロールレタリング

　これまで，遺書形式のロールレタリングは「生と死の教育」で多く用いられてきました。その実践報告からは，自己理解をうながしたり，他者理解を深めたり，他者への共感性を向上させたりすることがあげられています。春口氏は，自己の死に直面するロールレタリングを行うことで，自分のまわりにいる他者とのかかわりについて気づくことができると述べています。

　そこで，"死"という極限状態を設定したロールレタリングを保護者に体験してもらい，日々慌ただしい生活の中で忘れかけている「子どもの存在価値」に改めて気づいてもらうことにしました。方法としては，自分の乗った飛行機が15分後に墜落するという架空の場面を設定し，子どもに対して遺書を書いてもらうようにしました。

　なお，この方法は福岡県立朝倉東高校の原野義一先生が，日本ロールレタリング学会第4回大会で"教育に活かす技法"として紹介されたものを筆者なりにアレンジしたものです。

2 いざ実践！

(1) 支援の設計

　　対　　象：保護者25名
　　題　　材：「子どもたちの大切さに気づきましょう」
　　ねらい：自己の死に直面することで，日頃忘れかけている子どもの存在価値
　　　　　　に気づく。
　　展　　開

保護者の活動	支援上の留意点
＜導入＞（10分） 1　ロールレタリングについての説明を聞く。	・具体的に事例を用いながら，ロールレタリングの効果や方法について説明する。

<展開>（15分） 2　教師の指示に従いながら体をリラックスさせ，自分が飛行機に乗っていることをイメージする。 3　死を直面したロールレタリングをする。 　「私 → 子どもたちへ」	・緊張をほぐすために，簡単な漸進性弛緩法を行ってもらう。 ・臨場感を込めて機内アナウンスを行う。 【別紙　機内アナウンス原稿】 ・保護者一人ひとりにロールレタリング用の便箋が入った封筒を配布しておく。 ・机間巡視はできるだけ控え，教壇の前で受容的態度で保護者がロールレタリングを書き終えるのを待つ。
（5分） 4　ロールレタリングを行った感想をプリントに記入する。	・感想も集めたりしないことを話し，自由に書いてもらう。
<終末>（5分） 5　まわりの人と感想などを話しあい，思いや気持ちを振り返ったり分かちあったりする。	・可能であれば，2～3人の保護者に発表してもらう。

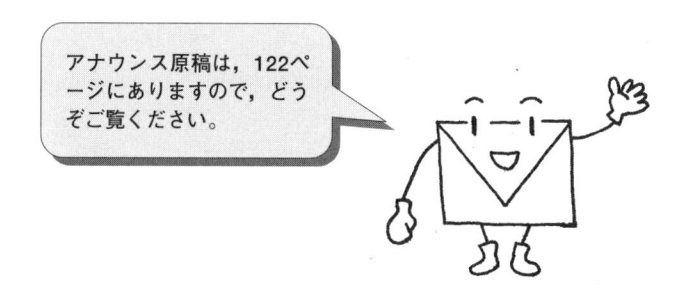

> アナウンス原稿は，122ページにありますので，どうぞご覧ください。

(2) 支援の実際

①導入段階

　はじめに，ロールレタリングの効果や方法について，これまでの筆者の実践から子どもの様子や変容などについて，具体事例を用いながら保護者に説明しました。また，ロールレタリングは学校や矯正現場のみならず医療現場でも，また，子どもから大人まで広く適用されていることをつけ加え，ロールレタリングに関心を持ってもらうようにしました。

②展開段階

　次に，自己の死に直面することで，日頃忘れかけている子どもの存在価値に気づいてもらうことにしました。保護者会ということもあって，緊張している保護者のことも考慮し，まず緊張を解きほぐすための簡単な漸進性弛緩法（筋肉を意図的に収縮させたりゆるめたりすることで，ストレスを緩和したり不安を減らしたりする方法）を取り入れました。そのあと，教師側が用意していた飛行機の機内アナウンスの原稿をできるだけ臨場感を込めて読み上げました。その間，保護者には目を閉じて機内をイメージしてもらうようにしました。そして，飛行機の墜落まで残り15分となったところで，便箋が入った封筒を保護者一人ひとりに配り，「私 → 子どもたちへ」のロールレタリングをしてもらうことにしました。

> 今回は，ノートではなく便箋に書いてもらいました。

③終末段階

　最後に，まわりの人と感想などを話しあい，思いや気持ちを振り返ったり分かちあったりしてもらったあと，数人に発表してもらいました。

3 考察

①行動観察から

　まず，保護者の行動の様子を見ていくことにします。

最初の導入段階では，具体的に子どもの様子から説明すると，保護者は，わが子がこのロールレタリングを実践しているということもあって大変興味を示して聞いていました。

　次の展開段階では，簡単な漸進性弛緩法を紹介すると，保護者は積極的に体験してくれ，とてもリラックスしていました。その後，教師が臨場感を込めて飛行機の機内アナウンスをすると，最初はその状況の設定に笑顔がこぼれる保護者もいて和やかな雰囲気でスタートしましたが，アナウンスが進んでいくにつれて表情がこわばっていくのが伝わってきました。そして，飛行機の墜落まで残り15分となって，ロールレタリング用の便箋を配っているところで，すでに数人の保護者の目には涙が浮かんでいました。その後も，ロールレタリングが進んでいく中で，あちらこちらに保護者のすすり泣く姿が見られました。連鎖反応も手伝ってか，教室内は感傷的な雰囲気に溢れていました。

　最後の終末段階では，保護者は「悲しくて涙が止まらなかった」「子どもが不憫でかわいそうだった」など，思い思いに感想を話し合っていました。

②内省報告から

　資料3-27，3-28は，死という極限状態を前にした保護者が「私 → 子どもたちへ」というテーマでロールレタリングを行ったあとの感想です。

　資料3-27を書いた保護者は，ただひたすら涙を流しながらロールレタリングに取り組んでいました。そして，その涙の意味を求めながら，子どもに対して「勉強だ，勉強だ」と自分の考えを押しつけすぎていたと反省していました。

　資料3-28を書いた保護者は，流れる涙をハンカチでぬぐいながらも比較的落ち着いてロールレタリングを行っていました。ロールレタリングの内容はわが子2人に対して，今後どう生きていくかということを書いたようです。さらに，今回のロールレタリングを受け，子どもに対する接し方を改めていこうとする気づきが生まれていることがうかがえます。

まず書き始めようとした時、涙があふれ出る自分に戸惑いを覚えました。それは自分だけではなかった様なので何の涙なのかと思い考えました。心の奥底にあるものをさらけ出すことに依り浄化され、その表れなのかと思っています。子育てで満足している親は少ないのじゃないかと思いますが、私もやはり申し訳ないとどこか思っています。それは心の優しいとてもいい子であると思ってはいてもその事よりも勉強だ勉強だとしつこくとして暴言もはき…本当に後悔ばかりです。今では親子関係はうまくいっている方だと思ってはいますがどこか悪いことをしたと心の奥底で思っている自分がいます。ただ思うのではなく文章にするということはとても大きな意味がある様に思いました。ありがとうございます。

資料3-27 ロールレタリング後の保護者の感想（1）

自分の死を今まで想像したことがなく、初めての経験でとまどいました。暫くすると、スーッと生への諦めというか悟りの気持ちになって子供にこれだけは伝えたいことを紙に書いていました。内容は子供へ今後どう生きていくかを書きました。書くことによって自分の気持ちを整理できた気がします。今回、子供達の存在を有難く感じました。今後は照れたり恥ずかしがったりせず、自分に正直に子供達に接していこうと思いました。
普段紙に書くということも最近ないので久しぶりに紙に書き脳がいい刺激を与えてもらった気がしました。
とてもいい経験をさせていただき有難うございました。

資料3-28 ロールレタリング後の保護者の感想（2）

4 全体を振り返って

　このように，保護者会でのロールレタリングは，子どもの大切さに改めて気づくことができたと保護者にとても好評でした。今回は，時間の関係上，「私 → 子どもたちへ」という往信だけのロールレタリングを行ったのですが，もし時間に余裕があれば，その後，タイムレコーダーとともにその遺書が回収されたことを想定して，それを読んだ子どもの立場で「子ども → 私へ」という返信を行うと，さらにロールレタリング本来の気づきが深まっていくと考えられます。

　子どもが健全に育っていくためには，まず何よりも子どもに自分が必要とされている存在であると感じさせることが大切です。そうすることで子どもの心は安定し，自己肯定感を高め，何にでもチャレンジできる主体的な生き方ができるようになっていくのです。

　けれども，私たち教師や保護者は，ついつい勉強ができる子，スポーツができる子，優しい子などの条件を課して，こちらの思いを押しつけようとしてしまいます。

　遺書形式のロールレタリングを試みて，保護者から「死を見つめることで命の大切さがよくわかった」という感想を多くいただきました。自殺者が増加している日本において，今後，「生と死の教育」を大人や子どもにも積極的に推進していく必要があるように思います。ただし，今回のような遺書形式のロールレタリングを子どもたちに用いる場合は，「死」を美化し，そこに逃避させないような手だてを工夫する必要があることは言うまでもないでしょう。

> 第4章の資料には，家庭でのローレについてふれているものもあります。ぜひ，参考にしてください。

機内アナウンス原稿

　本日は〇〇航空378便，羽田発福岡行をご利用いただき誠にありがとうございます。当機の福岡到着時刻は17時を予定しております。
　携帯電話等の電波機器は機内の無線に悪影響を与えますので，機内では主電源をお切りになることをお願いいたします。
　それでは離陸いたします。シートベルトをお閉めください。なお，離陸直後，しばらくゆれることがありますのでご了承ください。
　＜……………＞
　皆様，こんにちは，機長の〇〇です。
　本日は天候も良く，当機は静岡県上空を高度7,300メートル，時速750キロで飛行しております。まもなくしますと，皆様の右手下に富士山を通過いたします。それでは，短い時間ではありますが，空の旅をどうぞお楽しみください。
　＜……………＞
　乗客の皆様，機長より緊急連絡があります。ただいま，当機にエンジントラブルが発生いたしました。早急に修復に努めますが，最悪の場合は，このまま瀬戸内海に墜落することになります。不足の事態を考え，皆様にとって最愛のお子様に皆様の想いを書簡で残していただければと思います。
　このような事態となり，誠に申し訳なく思っております。皆様方が書かれた書簡は，タイムレコーダーと一緒にして，後に回収されるようにしておきますので，ぜひともよろしくお願いいたします。

　＜ロールレタリングの実施＞

　機長より，再度，連絡があります。ただいま，エンジントラブルが解決いたしましたのでご安心ください。当機は予定通り17時に福岡空港に到着いたします。さきほどはお騒がせいたしました。ぜひ，無事，帰還したことを，皆様の大切なお子様とお喜びください。

第4章

ロールレタリングを導入するための資料

この章では，ロールレタリングを導入していくための，すぐに使える資料を紹介します。
　資料4-1「ロールレタリングに取り組んでみよう!!」は，ロールレタリングを生徒に紹介するときに筆者が用いている資料です。ロールレタリングの効果ややり方，約束事などが簡潔にまとめてあります。紹介の際には，ロールレタリングを行うことによって得られる効果を強調するとともに，生徒に対して押しつけにならないように気をつけています。
　資料4-2は，筆者がロールレタリングの教師の研修会で用いる資料です。ここでもロールレタリングの効果による生徒の具体的な変容と，いつでも・どこでも・だれでもできる比較的取り組みやすい心理技法であるということをお話ししています。
　第2章で述べたように，ロールレタリングの効果は，生徒自身が感じることが大切であるということは大前提なのですが，ロールレタリングの効果測定としてよく用いられているエゴグラムを資料4-3で紹介しておきましょう。これらは交流分析の立場から開発されたもので，詳細については，交流分析を広く日本に広められた，日本ロールレタリング学会の前会長でもある杉田峰康氏の著書をお読みになることをおすすめします。
　資料4-4は，「ロールレタリングテーマ一覧」です。中学1年生〜中学3年生を例にして，年間のテーマリストを月ごとに紹介しています。あくまで一例ですので，より実態にあうようにテーマの入れ替えや差し換えなどアレンジしてみてください。
　資料4-5では「家庭でもロールレタリングをやってみよう!!」と題して，保護者の方にも簡単にできるようなマニュアルを作成してみました。第3章その7では，保護者会での実践事例を紹介しましたが，子どもとのコミュニケーションを密にする1つの方法として，家庭でも実践されてみてはいかがでしょうか。
　最後に資料4-6では，携帯電話を使ってのロールレタリングを紹介しています。携帯電話の所有が1人1台とかなり普及している現在，児童生徒のみな

らず，大人も気軽にできる自己内カウンセリングとして，携帯電話を使ったロールレタリングを行ってみられてはどうでしょうか？

> みなさんが，
> ロールレタリングによって，
> より充実した人生を歩まれることを
> 願ってます！！

資料4-1

ロールレタリングに取り組んでみよう!!

Q　ロールレタリングをやってどうなるの？

A　① ストレス発散　→　| 書きたいことが書けるから気持ちがスーッとする！ |
　　　　　　　　　　　アメリカのJ・W・ペネベーカー博士は『筆記は病気を予防し，トラウマを解決する』と言ってるんだよ。

　　② 自信がつく　→　| 自分を勇気づけることができる！ |
　　　　　　　　　　　これまでローレをやった生徒は『自分を見つめることができ，物事に積極的になった』って喜んでいるよ。

　　③ 思いやりの心　→　| 人に優しくなれる！ |
　　　が育つ
　　　　　　　　　　　いろいろな人の立場に立って考えるから，他人を思いやる人になっていくんだよ。また，他者になりきってイメージし，右脳を働かせることで感性が磨かれ，将来，優秀な人になれるかも…

Q　ロールレタリングのやり方は？

A　① 先生がテーマを提示（テーマについて一生懸命イメージする。考えることが重要！）
　　② 15分間ひたすらノートに向かう（しゃべらない！人を見ない！形式自由！）
　　③ 終わっても静かに待つ（早く終わっても他の作業はしない！雰囲気を乱さない！）
　　④ 3～4日後，返しを書く（これが一番難しい！スラスラ書けるならスゴイ！）

Q　ロールレタリングの約束事は？

A　① 先生はノートの中身は見ません！（見てほしい人は直接先生に言おう。）
　　② ノートの中身については原則として人とは話さない！
　　③ 形式は自由（色つきサインペンやマジックでもOK！挿絵を描いてもOK！）

－　ロールレタリングの考え方　－

『他人と過去は変えられない。しかし，自分と過去の認知（考え方）は変えることができる。』　（エリック・バーン）

『思考が変われば感情が変わる。感情が変われば行動が変わる。』
　　　　　　　　　　　　　　　　　　　　　　　　（アルバート・エリス）

☆　ロールレタリングがあなたの人生を良い方向に導いてくれることを願っています。

資料4-2

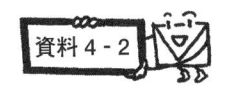

中学校校内研修会発表資料
ロールレタリングによる予防・開発的生徒指導

1 ロールレタリング（Role Lettering）とは

> ロールレタリングとは，役割交換書簡法ともいわれ，「自己への気づき」をうながす交流分析の立場から開発されたものである。クライエントから他者への手紙，また他者からクライエントへの手紙をどちらもクライエント自らが，その役割の立場に立って書くという自己カウンセリングの1つの手法である。

2 ロールレタリングの臨床的効果（春口，1987）
 (1) 文章化することによる思考・感情の明確化
 (2) 自己の心情をさらけ出すことによるカタルシス作用
 (3) 自己を他者の身におくことによる他者受容
 (4) 自己と他者，双方からの視点の獲得による人間関係の客観化
 (5) 自己の非論理的・不合理的な思考への気づき

3 目的
 (1) 自分の心を開示し，ストレスの発散の場にする。　　【ストレスの軽減】
 (2) 自分自身を価値ある存在ととらえ，物事に積極的に取り組むことができるようにする。　　【自尊感情の高揚】
 (3) 相手の立場になって考える場を増やし，他者受容を深める。【共感性の向上】

4 方法
 (1) 実施時間について
 　　1回を15分間とし，静かな雰囲気で書かせる。書き終わった生徒がいても，まわりをきょろきょろさせず静かに待たせておく。
 (2) 期間について
 　　原則として隔週1回。（その週のうちに1往復行い，それを1回と数える。）
 (3) 内容について
 　　毎回，教師がテーマを提示し，その内容を自由に書かせる。
 　　（例）　私 → 先生への手紙（往）　　先生 → 私への手紙（返）など

(4) 配布・回収・保管について
　　・ノートは直接,教師が一人ひとりの机に置いていき,一人ひとり回収していく。
　　・ノートを入れる箱には鍵をかけ,前の棚の中に入れておく。
(5) 記入の仕方について
　　・書いた内容は友人,親,教師には見せないので本音で書くように指導する。
　　・筆記具(色付きペンやマジックも可)や書く形式も自由とする。
　　・テーマについて経験がない場合でも想像して書くようにうながす。

5　ロールレタリング実施上の留意事項
　(1) 生徒との信頼関係をつくる。原則的に命にかかわること以外はノートは見ない。やむを得ず見た場合も,そのノートを使って指導はしない。
　(2) 早急に効果を求めようとはしない。ロールレタリングでは,教師ではなく,生徒自身が効果を感じることが大切。
　(3) 書かない生徒がいる場合も叱ったりしない。書かないことにも意味がある。「なぜ書か(け)ないのかな？　よかったら,その理由を教えて(書いて)くれないかな」などの対応ができればベストである。また,書けなくても頭の中で考えていることもある。
　(4) 生徒一人ひとりに時間と場所を確保する。(その場の雰囲気づくりも自由)

6　ロールレタリングのテーマ (平成16年度)

第1・2回「私 ⇄ 父・母・お家の人へ」	第11・12回「私 ⇄ 大切な○○へ」
第3・4回「私 ⇄ 先生へ」	第13・14回「私 ⇄ 自然教室の班員へ」
第5・6回「私 ⇄ うまくいかない○○へ」	第15・16回「私 ⇄ 合唱リーダーへ」
第7・8回「私 ⇄ 小学校時の私へ」	第17・18回「私 ⇄ 心配な友達へ」
第9・10回「私 ⇄ 小学校時の先生へ」	

7　ロールレタリングの展開例

生徒の活動内容	指導上の留意点
1　本時のロールレタリングのテーマを聞く。 　(3分)	・生徒を落ち着かせ,静かな雰囲気をつくる。 ・机の上の物は全部片づけ,筆記具のみを用意するように指導する。 ・前の棚から箱を出し,教壇に置く。 ・教師がテーマを提示し,板書する。 ・テーマについてイメージするようにうながす。(黙想)

2 ノートを受け取る。 （3分）		・生徒の目の前で鍵を取り出し，箱を開ける。 ・教師がノートを生徒一人ひとりの机上に置いていく。 ・早く受け取った生徒には，ノートを書いたり，ノートの過去の記述分を振り返るように指導する。
3 ノートを書く。 （15分）		・全員にノートを配り終わってから時間を計る。 ・静かな状態でノートを書かせ，絶対に話をしたり，他の人のノートを見たりしないようにさせる。 ・記述の内容は，原則としてテーマに沿って書くように指導する。どうしても違うことを書きたい生徒がいる場合は，希望するテーマで書くことも可能とする。その際，学級全体がそうならないように慎重に扱う。 ・筆記具の色や素材は自由に使わせる。また，記述形式も自由とする。場合によっては絵を使って表現してもよいとする。 ・書いていない生徒については，「なぜ，書けないのかな」「今の気持ちはどんなかな」などと問いかけ，そのことについて書くようにうながす。 ・テーマが漠然として書けない生徒には，教師が具体的に書く視点を与える。 ・テーマについて経験がない場合でも想像して書くようにうながす。 ・寝ている生徒は起こし，学級全体で活動している雰囲気を大切にさせる。
4 ノートを提出する。 （2分）		・ノートを書き終えた生徒には，過去の記述分を振り返ったり，ノートを閉じて静かに待つよう指導する。できるだけ時間いっぱい取り組ませる。 ・ノートを書き終えても，原則として他の作業はさせないようにする。 ・教師がノートを一人ひとり回収し，生徒の目の前でノートを箱にしまい，その箱に鍵をかけて棚に入れる。

8 平成16年度の実践から

（1）成果

①心理測定尺度から

（ア）ストレス反応尺度　　（イ）自尊感情尺度　　　　（ウ）共感性尺度

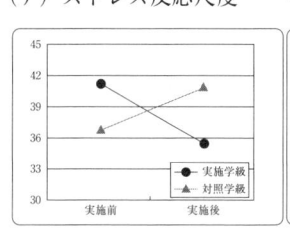

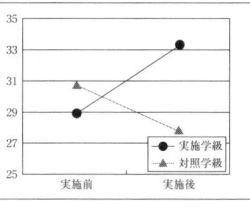

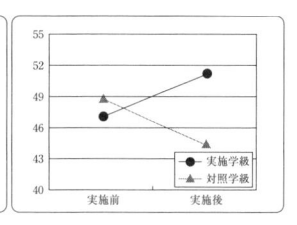

○実施学級で有意に下降　　○実施学級で有意に上昇　　○実施学級で有意に上昇
○対照学級で有意に上昇　　○対照学級で有意に下降

②内省報告から
（ア）ストレスの軽減　　　　　　　（イ）自尊感情の高揚

> 私は、ロールレでストレスが解消されました。普段言えない人への不満や悩みなどを書くことで、自分以外の相手の気持ちを考える事ができたし、自分は変わったと思います。最初は、嫌な相手に対し不満があった事もあったけれど、相手がバカリが悪い訳ではないと理解する事ができました。ロールレは私にとって、心の安らぎです。

> 僕は、ロールレをする前は、自分に対して自信が持てませんでした。どうしてかと言うといろんな人からいろいろ言われていたからです。でもロールレをしてみて、「自分は自分なんだ」という気持ちになり人の言うことを気にしなくなったし、いろんなことにもやる気も出てくるようになりました。ロールレで自分がとても前向きになりました。

（ウ）共感性の向上

> 僕は、入学して間もない頃、よくけんかをしていました。その時は、相手の気持ちがよくわからなかったからです。しかしこの前、友達に悪口を言われた時、ロールレに書いた内容と似ていたので、そのとおりに接してみると仲直りできました。その時、けんかした相手はこんなに大変だったんだ、思いロールレをやってよかったなぁと実感しました。

③ノートの記述内容から　「大切な〇〇〇→私へ」

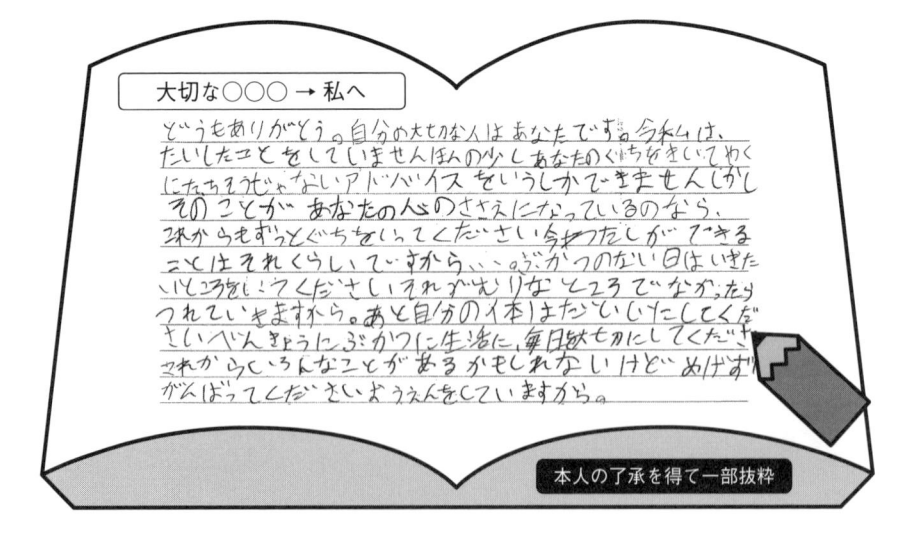

> 大切な〇〇〇→私へ
>
> どうもありがとう。自分の大切な人はあなたです。今私は、たいしたコとをしていません。ほんの少しあなたのぐちを聞いてやくにたちそうじゃないアドバイスをいうしかできません。しかしそのことがあなたの心のささえになっているのなら、これからもずっとぐちをしてください。今わたしができることはそれくらいですから…。ぐちのない日はいきたいところをいってください。すれがいりなところでなかったりつれていきますから。あと自分の体をたいせつにしてください。べんきょうもたぶんかつに生活に、毎日然もカにしてください。それからいろんなことがあるかもしれないけどめけずがんばってくださいようえんをしていますから。

本人の了承を得て一部抜粋

(2) 課題　ロールレタリングの定期的な時間の確保

資料4-3

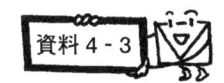

エゴグラム・チェック・リスト（中高生用）

以下の質問に，はい（○），どちらともつかない（△），いいえ（×）のように答えてください。ただし，できるだけ○か×で答えるようにしてください。

			○	△	×
CP（　）点	1	あなたは，何ごともきちっとしないと気がすまないほうですか。			
	2	人が間違ったことをしたとき，なかなか許しませんか。			
	3	自分を責任感のつよい人間だと思いますか。			
	4	自分の考えをゆずらないで，最後までおし通しますか。			
	5	あなたは礼儀，作法についてやかましいしつけを受けましたか。			
	6	何ごとも，やりだしたら最後までやらないと気がすみませんか。			
	7	親から何か言われたら，そのとおりにしますか。			
	8	「ダメじゃないか」「…しなくてはいけない」という言い方をしますか。			
	9	あなたは時間やお金にルーズなことが嫌いですか。			
	10	あなたが親になったとき，子供をきびしく育てると思いますか。			

			○	△	×
NP（　）点	1	人から道を聞かれたら，親切に教えてあげますか。			
	2	友達や年下の子供をほめることがよくありますか。			
	3	他人を世話するのが好きですか。			
	4	人のわるいところよりも，よいところを見るようにしますか。			
	5	がっかりしている人がいたら，なぐさめたり，元気づけてやりますか。			
	6	友達に何か買ってやるのが好きですか。			
	7	助けを求められると，私にまかせなさい，と引きうけますか。			
	8	だれかが失敗したとき，責めないで許してあげますか。			
	9	弟や妹，または年下の子をかわいがるほうですか。			
	10	食べ物や着る物のない人がいたら，助けてあげますか。			

			○	△	×
A（　）点	1	あなたはいろいろな本をよく読むほうですか。			
	2	何かうまくいかなくても，あまりカッとなりませんか。			
	3	何か決めるとき，いろいろな人の意見をきいて参考にしますか。			
	4	はじめてのことをする場合，よく調べてからしますか。			
	5	何かする場合，自分にとって損か得かよく考えますか。			
	6	何かわからないことがあると，人に聞いたり，相談したりしますか。			
	7	体の調子がわるいとき，自重して無理しないようにしますか。			
	8	お父さんやお母さんと，冷静に，よく話し合いますか。			
	9	勉強や仕事をテキパキと片づけていくほうですか。			
	10	迷信やうらないなどは，絶対に信じないほうですか。			

			○	△	×
FC（　）点	1	あなたは，おしゃれが好きなほうですか。			
	2	皆とさわいだり，はしゃいだりするのが好きですか。			
	3	「わあ」「すげえ」「かっこいい！」などの感嘆詞をよく使いますか。			
	4	あなたは言いたいことを遠慮なく言うことができますか。			
	5	嬉しいときや悲しいときに，顔や動作に自由に表すことができますか。			
	6	欲しい物は，手に入れないと気がすまないほうですか。			
	7	異性の友人に自由に話しかけることができますか。			
	8	人に冗談を言ったり，からかったりするのが好きですか。			
	9	絵をかいたり，歌をうたったりすることが好きですか。			
	10	あなたはイヤなことを，イヤと言いますか。			

			○	△	×
AC（　）点	1	あなたは人の顔色を見て，行動をとるようなくせがありますか。			
	2	イヤなことはイヤと言わずに，おさえてしまうことが多いですか。			
	3	あなたは劣等感がつよいほうですか。			
	4	何か頼まれると，すぐにやらないで引き延ばすくせがありますか。			
	5	いつも無理して，人からよく思われようと努めていますか。			
	6	本当の自分の考えよりも，親や人の言うことに影響されやすいほうですか。			
	7	悲しみや憂うつな気持ちになることがよくありますか。			
	8	あなたは遠慮がちで消極的なほうですか。			
	9	親のごきげんをとるような面がありますか。			
	10	内心では不満だが，表面では満足しているように振る舞いますか。			

●この表に得点を書きこんでください。

<採点方法　○2点　△1点　×0点＞

	20					
	18					
	16					
	14					
	12					
	10					
	8					
	6					
	4					
	2					
	0					
		CP	NP	A	FC	AC

資料4-4

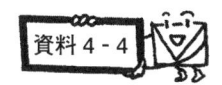

ロールレタリングテーマ一覧

(例:中学1年生)

月	テーマ
4	私 ⇄ 先生へ 私 ⇄ お家の人(父・母・姉・弟など)へ
5	私 ⇄ クラスの友達へ 私 ⇄ 体育祭のリーダーへ
6	私 ⇄ うまくいかない友達へ 私 ⇄ 私をよくわかってくれる○○○へ
7	私 ⇄ 小学校時代の先生へ 私 ⇄ 中体連を前にした先輩へ
9	私 ⇄ 先生へ(2学期を前に) 私 ⇄ おじいちゃん・おばあちゃんへ
10	私 ⇄ 合唱コンクールのリーダーへ 私 ⇄ 10年後の私へ
11	私 ⇄ いじめられている子へ 私 ⇄ 心配な友達へ
12	私 ⇄ 大切な○○○へ 私 ⇄ 1年前の私へ
1	私 ⇄ 好きな自分へ 私 ⇄ 嫌いな自分へ
2	私 ⇄ 今,話をしたい○○○へ 私 ⇄ 小学校時代(1〜6年生)の私へ
3	私 ⇄ 1年後の私へ 私 ⇄ 先生へ(2年生を迎えるにあたって)

(例：中学2年生)

月	テーマ
4	私 ⇄ 先生へ 私 ⇄ クラスの友達へ
5	私 ⇄ 体育祭のリーダーへ 私 ⇄ お家の人（父・母・姉・弟など）へ
6	私 ⇄ うまくいかない友達へ 私 ⇄ 私をよくわかってくれる○○○へ
7	私 ⇄ 夏休みを前にした私へ 私 ⇄ 中体連を前にした先輩や後輩へ
9	私 ⇄ 先生へ（2学期を前に） 私 ⇄ 修学旅行の班員へ
10	私 ⇄ 合唱コンクールのリーダーへ 私 ⇄ 職場体験でお世話になった方へ
11	私 ⇄ いじめられている子へ 私 ⇄ 心配な友達へ
12	私 ⇄ 大切な○○○へ 私 ⇄ 1年前の私へ
1	私 ⇄ 好きな自分へ 私 ⇄ 嫌いな自分へ
2	私 ⇄ 今，話をしたい○○○へ 私 ⇄ 1年後の私へ
3	私 ⇄ 1年ともに過ごしたクラスの友達へ 私 ⇄ 先生へ（3年生を迎えるにあたって）

(例：中学3年生)

月	テーマ
4	私 ⇄ 先生へ 私 ⇄ クラスの友達へ
5	私 ⇄ 体育祭のリーダーへ 私 ⇄ お家の人（父・母・姉・弟など）へ
6	私 ⇄ うまくいかない友達へ 私 ⇄ 今，話をしたい○○○へ
7	私 ⇄ 心配な友達へ 私 ⇄ 中体連を前にした仲間や後輩へ
9	私 ⇄ 先生へ（2学期を前に） 私 ⇄ 10年後の私へ
10	私 ⇄ 合唱コンクールのリーダーへ 私 ⇄ いじめられている子へ
11	私 ⇄ 1年後の私へ 私 ⇄ 高校を中途退学した人へ
12	私 ⇄ 3者面談を前にした父・母へ 私 ⇄ 進路決定を前にした私へ
1	私 ⇄ 私をよく理解してくれる○○○へ 私 ⇄ 入試を前にした私へ
2	私 ⇄ 進学・就職先で活躍している私へ 私 ⇄ 大切な○○○へ
3	私 ⇄ 先生へ（卒業を迎えるにあたって） 私 ⇄ 中学を卒業していく私へ

資料4-5

家庭でもロールレタリングをやってみよう！！

けんかするほど仲がよいと言われますが，親子げんかなどもその1つでしょう。ただ，そうは言っても，親子がお互いの主張だけを訴え，冷戦状態が続くのも問題です。

そこで，その解決方法として，家庭などでもロールレタリングを行ってみてはどうでしょうか。きっと，お互いの立場を思いやるという形で，気づきが生じ，よい方向へと進んでいくことと思います。

導入		―保護者から子へ―
	1	「このままお互いにいろいろと言い合っても仕方ないわね。いろいろとあなたもお母さん（お父さん）に頭にきているんでしょ？」
	2	「とりあえずあなたの言いたいことをこの紙におもいっきり書いてごらんよ。もちろん書いた内容は見ないから。書いてどうなるの？　と言いたいだろうけど，気分がスーッとするらしいよ。だまされたと思って書いてみて。お母さんもあなたに言いたいことをバンバン書いてみるから」
	3	「じゃあ15分間ね。時間が足りないかもしれないけど，その時は延長してもいいから」
実施		ロールレタリングの実施　往信（15分間）
	4	「どうだった？　言いたいことは書けた？　お母さんもなんかスッキリした。書いたことは言わなくていいからね。お母さん傷つくかもしれないからね。（笑）少し疲れたでしょ。お茶でも入れるから，あと，15分付き合ってね」
		ティーブレイク
	5	「じゃあ，リラックスしたところで，今度はむずかしいけど，あなたはお母さんの立場，お母さんはあなたの立場になって，その手紙を読んで，返事を書いてみようか。では，始めましょう」
		ロールレタリングの実施　返信（15分間）
まとめ	6	「どうだった？　書けた？　お母さんはむずかしかったわ。いつも自分の立場からでしか考えてなかったからね」
	7	「書いた感想だけでもよかったら教えて。無理には聞かないけどね」
	8	「これでお互いのことが少しわかったね。お互い歩み寄りましょ」

資料4-6

携帯電話でロールレタリングをやってみよう！！

　現在，日本では，携帯電話の所有が1人1台を越えるといわれ，爆発的に普及しています。それにともない，年齢を問わず，通勤・通学の電車やバスの中，ファーストフードの店内，公園や街角のベンチなどのいたるところで，携帯電話を片手にメールを打っている人の姿がよく見受けられます。また，「携帯電話依存症」や「ケーチュー（ケータイ中毒）」などの言葉も耳にするようになりました。このように，携帯電話は私たちの生活には，なくてはならないものとなっているようです。

　そこで，携帯電話でのロールレタリングによる自己内カウンセリング法を紹介したいと思います。家で，自分で行うロールレタリングとして，子どもたちに紹介したり，ご自身で行ったりしてみてはいかがでしょうか。

自分の悩みを信頼できる人に相談しよう

① 携帯電話に自分が信頼できる人の画像を取り込む。
　　　　　（※できなければ②でイメージするだけでもよい）
② その画像を見ながら悩みや訴えたいことを頭に浮かべる。
③ 書くことが決まったら「私 → 信頼できる○○○さんへ」というロールレタリングをメールで打つ。
④ 書いたらそれを自分のメールアドレスに送る。
⑤ 30分〜3日後（時間・期間には個人差があります）メールを開き，相手の立場になってメールを読む。
⑥ 相手の立場で私（自分自身）に「信頼できる○○○ → 私へ」というロールレタリングで返信メールを打つ。
⑦ 自分のメールアドレスに送る。
⑧ 以上を，自己内カウンセリングとして繰り返す。

●●● 引用文献 ●●●

イアン・スチュアート（著）諸永好孝（訳）　1998　エリック・バーンＴＡ（交流分析）の誕生と発展　チーム医療
岡本茂樹　2003　ロールレタリングに関する臨床教育学研究　風間書房
桑原憲一（編）　2006　キャリア教育の進路指導資料集　中学校3年　明治図書
小林司　1995　カウンセリング事典　新曜社
国分康孝　1981　論理療法　川島書店
ジェームス・W・ペネベーカー（著）余語真夫（訳）　2000　オープニングアップ―秘密の告白と心身の健康―　北大路書房
杉浦守邦　1992　「『保健室登校』の指導マニュアル」　東山書房
杉田峰康（監）春口徳雄（著）　1987　ロールレタリング入門―役割交換書簡法―　創元社
杉田峰康（監）春口徳雄（著）　1995　ロールレタリングの理論と実際　創元社
鈴木康平　2000　学校におけるいじめの心理　ナカニシヤ出版

●●● 参考文献 ●●●

朝倉隆司　2004　中学生におけるいじめに関する役割行動と敵意的攻撃性，共感性との関連　学校保健研究，**46**，67-84．
阿部千春　2001　不登校とセルフエスティーム　片野智治（編）　エンカウンターで進路指導が変わる　図書文化　pp.146-147．
荒木紀幸・倉戸ツギオ（編）　2003　健康とストレス・マネジメント―学校生活と社会生活の充実に向けて―　ナカニシヤ出版
蘭　千壽　1989　子どもの自己概念と自尊感情に関する研究　上越教育　大学研究紀要，**8**，17-35．
榎本博明　1997　自己開示の心理学的研究　北大路書房
榎本博明　1998　「自己」の心理学―自分探しへの誘い―　サイエンス社
エレイン・A・ブレックマン（編）濱治世・松山義則（監訳）　1998　家族の感情心理学―そのよいときも，わるいときも―　北大路書房
遠藤辰雄・井上祥治・蘭　千壽（編）　1992　セルフエスティームの心理学―自己価値の探求―　ナカニシヤ出版
岡田　督　2001　攻撃性の心理　ナカニシヤ出版
岡安孝弘・嶋田洋徳・坂野雄二　1992　中学生用ストレス反応尺度の作成の試み　早稲田大学人間科学研究，**5**，23-29．
尾木直樹　2000　子どもの危機をどう見るか　岩波新書
大木桃代　2002　ストレスにうまく対処できる子にするためには　児童心理，**778**，144-167．
片野智治（編）　2001　エンカウンターで進路指導が変わる―生き抜くためのあり方生き方教育―　図書文化
桂　戴作・杉田峰康・白井幸子　1984　交流分析入門　チーム医療
金子　賢　1992　教師のためのロールプレイング入門　学事出版
河合隼雄　1985　カウンセリングを語る（上）　創元社

河合隼雄　1985　カウンセリングを語る(下)　創元社
川瀬正裕・松本真理子・松本英夫　1996　心とかかわる臨床心理―基礎・実際・方法―　ナカニシヤ出版
菊池章夫　1991　思いやりを考える―人と人とのかかわり学―　淡交社
楠　凡之　2002　いじめと児童虐待の臨床教育学　ミネルヴァ書房
倉戸ヨシヤ　1998　現代のエスプリ―ゲシュタルト療法―　至文堂
「月刊学校教育相談」編集部編　2004　相談活動に生かせる15の心理技法　ほんの森出版
ゲイル・D・ピッチャー・スコット・ポランド(著)　上地安昭・中野真寿美(訳)　2000　学校の危機介入　金剛出版
小林　剛　1995　いじめと対応と予防読本　児童心理，6月号，44-50.
小林正幸　2003　不登校児の理解と援助　金剛出版
齊藤　勇　1990　対人感情の心理学　誠信書房
齋藤　孝　2000　「ムカツク」と「キレる」のメカニズム　児童心理，2月号，11-17.
坂野雄二　1990　メンタルヘルスシリーズ　登校拒否・不登校　同朋社
桜井茂男　1998　子どものストレス―たくましい子に育てるストレス対処法―　大日本図書
佐治守夫・岡村達也・保坂　亨　1996　カウンセリングを学ぶ―理論・体験・実習―　東京大学出版会
澤田瑞也・山口昌澄・鈴木求実子・島津由美・喜納歩美　2001　共感性と自己の感情に対する態度との関係(1)　神戸大学発達科学部研究紀要，9(1)，1-8.
汐見稔幸　1988　書くことと「やさしさ」　茂呂雄二　なぜ人は書くのか　認知科学選書16　東京大学出版
柴田博文　2000　子どもの心の理解と受容　鈎　治雄・寺島建一・柴田博文・和田　光(編)　子どもの育成と社会　八千代出版　pp.1-64.
清水　裕　1999　自尊感情の高さと安定性が援助と攻撃に及ぼす影響　生活心理研究所紀要，2，1-13.
杉原一昭　2000　子ども破壊―なぜ子どもがキレるのか―　立風書房
杉田峰康　1985　講座サイコセラピー(8)交流分析　日本文化科学社
杉田峰康　1988　教育カウンセリングと交流分析　チーム医療
杉田峰康　1990　医師・ナースのための臨床交流分析入門　医歯薬出版株式会社
杉田峰康　2000　新しい交流分析の実際―TAゲシュタルト療法の試み―　創元社
鈴木康平　2000　学校におけるいじめの心理　ナカニシヤ出版
高橋史朗　1997　現代のエスプリ―感性教育―　至文堂
高橋史朗　1998　臨床教育学と感性教育　玉川大学出版部
高橋伸二・八巻寛治　2003　保護者会で使えるエンカウンター・エクササイズ―親同士・親と先生が仲良くなれる―　ほんの森出版
高橋正臣(監)　1995　人間関係の心理と臨床　北大路書房
高橋雅延・谷口高士(編)　2002　感情と心理学―発達・生理・認知・社会・臨床の接点と新展開―　北大路書房
武田　建　1985　コーチング―人を育てる心理学―　誠信書房
竹中晃二　1996　子どもたちのストレスマネジメント教育―対処療法から予防措置への転換―　北大路書房
滝　充　1996　ストレスがもたらす「いじめ」・「不登校」　教育と情報，**460**，12-19.
ダニエル・ゴールマン(著)土屋京子(訳)　1996　こころの知能指数　講談社

出口保行・斉藤耕二　1991　共感性の発達研究　東京学芸大学紀要，1部門第42集，119-134.
トーマス・ゴードン(著)奥沢良雄・市川千秋・近藤千恵(訳)　1985　教師学―効果的な教師＝生徒関係の確立―　小学館
ドン・ディンクマイヤー・ゲーリー・D・マッケイ(著)柳平 彬(訳)　1996　感情はコントロールできる　創元社
中村和子・杉田峰康　1984　わかりやすい交流分析　チーム医療
中山　巌(編)　2001　学校教育相談心理学　北大路書房
那須光章　2004　子どもと若者支援の心理学　北大路書房
新里里春・水野正憲・桂　戴作・杉田峰康　1986　交流分析とエゴグラム　チーム医療
萩原恵三　2000　現代の非行少年―理解と援助のために―　大日本図書
秦　政春　1997　子どもたちのいじめに関する実態―「教育ストレス」に関する調査研究（Ⅶ）―　福岡教育大学紀要，第46号第4分冊，1-94.
服部雄一　2005　ひきこもりと家族トラウマ　生活人親書
早坂泰次郎　1994　＜関係性＞の人間学―良心的エゴイズムの心理―　川崎書店
パールズ・F・S(監)　1998　ゲシュタルト療法―その理論と実際―ナカニシヤ出版
平井信義　1999　思いやりを育む保育　新曜社
前島康男　2003　増補・いじめ―その本質と克服の道すじ―　創風社
町沢静夫　1998　「自己中心性」の病理　双葉社
町沢静夫　2000　心の壊れた子どもたち　朝日出版社
松原達哉(編)　1998　普通の子がふるう暴力―いじめ・暴力の心理　と予防―　教育開発研究所
村上正治・藤中隆久(編)　2002　クライエント中心療法と体験過程療法―私と実践との対話―　ナカニシヤ出版
村山士郎　1996　いじめの世界が見えてきた　大月書店
百武正嗣　2004　エンプティチェアテクニック入門　川島書店
モーリス・J・イライアス(著)小泉令三(編訳)1999　社会性と感情の教育―教育者のためのガイドライン39―　北大路書房
森下正康　1999　子どもたちのいじめに関する実態「教育ストレス」に関する調査研究（Ⅶ）和歌山大学紀要教育科学，49，27-51.
森田洋司　1999　「児童生徒のいじめの生成メカニズムとその対応に関する総合的調査研究」平成8〜10年度科学研究費補助金（国際学術研究）研究成果報告書，93，64-66.
文部科学省　2004　生徒指導上の現状について(概要)
文部省　1990　学校における教育相談の考え方・進め方―中学校・高等学校編―
横山好治・杉田峰康　1986　生徒のこころ・教師の心　チーム医療　(財)日本進路指導協会(監)埼玉県中学校進路指導研究会(編)　進路学習を核とした学級活動の展開　実業之日本社
和田秀樹　2001　虐待の心理学　ＫＫベストセラーズ
渡辺康麿　1998　教師のためのレターカウンセリング　学陽書房
渡辺康麿　1990　セルフカウンセリング　ひとりでできる自己発見法　ミネルヴァ書房

書いてみよう

テーマ _____

書いてみよう

テーマ _____

書いてみよう

テーマ _____

書いてみよう

テーマ _____

◎著者紹介

岡本　泰弘

　1966年　福岡県生まれ
　1991年　福岡教育大学教育学部中学課程保健体育科卒業
　2005年　福岡教育大学大学院教育学研究科修士課程（学校教育専攻）修了
　現　在　久留米大学大学院医学研究科博士課程（高次脳疾患学）在学中

　1992年　福岡県大野城市立大利中学校　教諭
　1998年　福岡県大野城市立御陵中学校　教諭
　2001年　福岡県教育センター教育経営部教育相談班　長期派遣研修員
　2002年　福岡県立スポーツ科学情報センター企画情報課　スポーツ主事
　現　在　福岡県大野城市立大利中学校　教諭

学校心理士
日本ロールレタリング学会員
日本教育心理学学会員
特技　空手道6段（元福岡県国体選手）

いじめや不登校から生徒を救え!!
実践"ロールレタリング"

| 2007年6月10日　初版第1刷印刷 | 定価はカバーに表示 |
| 2007年6月20日　初版第1刷発行 | してあります。 |

著　者　　岡本泰弘
発行所　　㈱北大路書房
〒603-8303　京都市北区紫野十二坊町12-8
電話　(075) 431-0361㈹
FAX　(075) 431-9393
振替　01050-4-2083

Ⓒ2007
制作／ラインアート日向・華洲屋　印刷・製本／㈱太洋社
イラスト／西端薫
検印省略　落丁・乱丁本はお取り替えいたします。

ISBN978-4-7628-2563-7　　　Printed in Japan